Sous Vide
Perfektion i Hvert Bid

Line Møller

Indeks

Hønsekødssuppe 10
Pomodoro løgsauce 11
peberpuré 12
jalapeño krydderi 13
bouillon 15
Hvidløg og basilikumskræller 17
Honning og løg balsamicodressing 18
Tomatsovs 19
Fisk og skaldyr 20
Fiske suppe 21
Sennep og asparges sauce 22
grøntsagsbouillon 24
Tabasco hvidløg Edamame ost 26
Herby's Ærtepuré 27
Ristet kartoffelmos med salvie 28
Asparges i smør med timian og ost 30
Lækker pastinak med honningglasur 31
Tomat og flødeost sandwich 32
Rødbedesalat med cashewnødder og flødeost 34
Blomkålsost Chili 36
Efterårscreme og græskarsuppe 38
Kartoffel, selleri og porresuppe 40
Coleslaw med citron og tranebær 42
Citrusmajs med tomatsauce 43

Tamari ingefær rosenkål med sesam 45
Rødbedesalat 47
Grønt hvidløg med mynte 49
Rosenkål i hvidvin 51
Rødbede- og gedeostsalat 52
Blomkål og broccolisuppe 54
Eller ærter med mynte 56
Rosenkål i sød sirup 57
Radise med vegetabilsk ost 59
kål stuvet med balsamico 61
pocheret tomat 62
Ratatouille 63
Tomatsuppe 65
Ristede rødbeder 67
Aubergine lasagne 68
Svampesuppe 70
Vegetarisk risotto med parmesanost 72
Grøn suppe 73
Blandet grøntsagssuppe 75
Wontons med røget peber 77
Risret med quinoa og selleri 79
Radise- og basilikumsalat 81
peberblanding 82
Quinoa Gurkemeje Koriander 83
Hvide oregano bønner 84
Kartoffelsalat og daddelsalat 85
Peber 87

En blanding af grøntsager og vindruer 88
En skål med kikærter og svampe med mynte 89
vegetabilsk caponata.. 91
Stegt chard med citron 92
Grøntsagsmos 93
Kål og peber i tomatsauce 94
Linse- og tomatfad med sennep... 95
Ris pilaf med peber og rosiner 97
yoghurtsuppe.. 98
græskar..100
Ingefærchutney med karry og nektarin...102
Rosmarin confiteret med rosmarin...104
Pære og kokoscreme karry 105
Blød broccoli puré...106
Lækker dadel og mangochutney..107
Mandarin og bønnesalat med valnødder 109
Ærtecreme med muskatnød..110
Let broccoli puré..111
Broccolisuppe med rød peber 112
Miso majs chili med sesam og honning...114
Cremet gnocchi med ærter 116
Honning og rucola salat 118
Krabbe med citronsmørsauce 120
Nordlig hurtig laks 121
Lækker ørred med sennep og tamari sauce.................................122
Sesamtun med ingefærsauce 123
Krabbeparadisruller med citron og hvidløg 125

5

Forkullet blæksprutte krydret med citronsauce 127

Kreolske rejespyd 129

Rejer med krydret sauce 131

Helleflynder med purløg og estragon 132

Torsk med krydret smør og citron 134

Grouper med Beurre Nantais 136

tunflager 138

smøragtige kammuslinger 139

mynte sardiner 140

Guld med hvidvin 141

Laks og grønkålssalat med avocado 142

Laks med ingefær 144

Muslinger i frisk citronsaft 145

Tunbøffer marineret med krydderurter 146

Krabbebøffer 148

peber te 150

Marinerede havkatfileter 152

Rejesauce med citron 154

Sous Vide Helleflynder 155

Citronsmørsål 157

Torskegryderet med basilikum 158

Simpel Tilapia 159

Laks med asparges 160

makrel karry 161

blæksprutte med rosmarin 162

Stegte rejer med citron 163

Grillet blæksprutte 164

vilde laksebøffer 166
Tilapia gryderet 167
Pulveriserede kantareller med peber 169
korianderørred 171
Blæksprutteringe 172
Rejer og avocado salat 173
Snapper med smør og safran citrussauce 175
Torskefilet med sesamcreme 177
Cremet laks med spinat og sennepssauce 178
Krydrede kammuslinger med frisk salat 180
Krydrede kammuslinger med mango 182
Porre og rejer med sennepsvinaigrette 184
Rejesuppe med kokos 186
Honning laks med soba nudler 188
Gourmet hummer med mayonnaise 190
Reje cocktail 192
Herbys citronlaks 194
Saltede Hummerhaler 195
Thai laks med blomkål og ægnudler 196
Let havbars med dild 198
Rejefrittata med sød peber 199
Thai frugtrejer 201
Dublin-stil citron rejer ret 203
Saftige kammuslinger med peber- og hvidløgssauce 205
Rejekarry med nudler 207
Cremet torsk med persille 208
Franske Pan Rilletter med Laks 210

Salvie laks med kokos kartoffelmos 211
Dild Baby blæksprutteskål 213
Saltet laks med hollandaisesauce 214

Hønsekødssuppe

Forberedelse + tilberedningstid: 12 timer og 25 minutter | Portioner: 3

Ingredienser:

2 kg kylling, enhver del - lår, bryst

5 kopper vand

2 hakkede selleristængler

2 fed hvidløg, hakket

Instruktioner:

Lav en dobbeltkedel, tilsæt Sous Vide og juster temperaturen til 194 F. Adskil alle ingredienser i 2 vakuumposer, fold toppen af poserne 2 til 3 gange. Lægges i et vandbad. Indstil timeren til 12 timer.

Når timeren stopper, fjern poserne og overfør ingredienserne til gryden. Kog ingredienserne ved høj varme i 10 minutter. Sluk for varmen og afdryp. Brug bouillonen som bund til suppen.

Pomodoro løgsauce

Tilberedning + tilberedningstid: 30 minutter | Portioner: 4

ingredienser

4 kopper hakkede og udstenede tomater
½ hakket løg
½ tsk sukker
¼ kop frisk oregano
2 fed hvidløg, hakket
Salt og sort peber efter smag
5 spiseskefulde olivenolie

Instruktioner:

Forbered et vandbad og anbring Sous Vide deri. Indstil temperaturen til 175 F. Placer tomater, oregano, hvidløg, løg og sukker i en genlukkelig pose. Slip luften ud ved at presse vandet ud, luk og sænk posen i et vandbad. Bages i 15 minutter.

Når timeren stopper, fjern posen og overfør indholdet til blenderen og blend i 1 minut, indtil det er glat. Drys med sort peber.

peberpuré

Tilberedning + tilberedningstid: 40 minutter | Portioner: 4

Ingredienser:

8 røde peberfrugter uden kerner

⅓ kop olivenolie

2 spsk citronsaft

3 knuste fed hvidløg

2 skeer sød paprika

Instruktioner:

Lav en dobbelt kedel og tilsæt Sous Vide og juster temperaturen til 183 F. Placer peberfrugter, hvidløg og olivenolie i en genlukkelig pose. Slip luften ud ved at presse vandet ud, luk og sænk poserne i et vandbad. Indstil timeren til 20 minutter og bag.

Når timeren stopper, skal du fjerne posen og åbne den. Kom peber og hvidløg i en blender og blend til det er glat. Stil gryden over medium varme; tilsæt peberpuré og de resterende ingredienser. Bages i 3 minutter. Serveres varm eller kold som dip.

jalapeño krydderi

Tilberedning + tilberedningstid: 70 minutter | Portioner: 6

Ingredienser:

2 jalapeno peberfrugter

2 grønne peberfrugter

2 knuste fed hvidløg

1 løg, kun pillet

3 spiseskefulde oregano pulver

3 tsk sort peber pulver

2 tsk pulveriseret rosmarin

10 teskefulde anispulver

instruktioner

Lav en dobbelt kedel, tilsæt Sous Vide og juster temperaturen til 185 F. Placer peberfrugter og løg i en genlukkelig pose. Slip luften ud ved at presse vandet ud, luk og sænk posen i et vandbad. Indstil timeren til 40 minutter.

Når timeren stopper, skal du fjerne og åbne posen. Kom peberfrugt og løg sammen med 2 spsk vand i en blender og blend indtil glat.

Stil gryden over svag varme, tilsæt pebermosen og de øvrige ingredienser. Kog i 15 minutter. Sluk for varmen og lad afkøle. Opbevares i en krydderiglas, på køl og brug i op til 7 dage. Brug det som krydderi.

bouillon

Forberedelse + tilberedningstid: 13 timer og 25 minutter | Portioner: 6

Ingredienser:

3 kilo oksefødder

1½ kg okseben

½ kg hakket oksekød

5 kopper tomatpure

6 søde løg

3 hoveder hvidløg

6 skeer sort peber

5 kviste timian

4 laurbærblade

10 kopper vand

Instruktioner:

Forvarm ovnen til 425 F. Placer oksekødsbenene og -benene på en bageplade og gnid tomatpuréen over dem. Tilsæt hvidløg og løg. Lad det ligge til side. Læg og smuldr hakkebøffen i en anden gryde. Sæt avnerne i ovnen og bag dem gyldne.

Når du er færdig, drænes fedtet fra panden. Forbered den dobbelte kedel i en stor skål, tilsæt Sous Vide og sæt til 195 F. Adskil hakket oksekød, ristede grøntsager, sort peber, timian og laurbærblade i 3 vakuumposer. Afglat bagepladerne med vand og læg dem i poserne. Fold toppen af posen 2 til 3 gange.

Læg poserne i et vandbad og opbevar dem i Sous Vide-beholderen. Indstil timeren til 13 timer. Når timeren stopper, fjern poserne og overfør ingredienserne til gryden. Stil ingredienserne over høj varme. Bages i 15 minutter. Sluk for varmen og afdryp. Brug bouillonen som bund til suppen.

Hvidløg og basilikumskræller

Tilberedning + tilberedningstid: 55 minutter | Portion: 15

Ingredienser:

2 hoveder knust hvidløg

2 spsk olivenolie

Lidt salt

1 hakket fennikelløg

2 citroner revet og saftet

¼ sukker

25 basilikumblade

Instruktioner:

Lav en dobbelt kedel, tilsæt Sous Vide og juster temperaturen til 185 F. Placer fennikel og sukker i en genlukkelig pose. Slip luften ud ved at presse vandet ud, luk og sænk posen i et vandbad. Indstil timeren til 40 minutter. Når timeren stopper, skal du fjerne og åbne posen.

Kom fennikel, sukker og andre ingredienser, der er anført i blenderen, og blend indtil du opnår en homogen blanding. Opbevares i en krydderiglas og stilles på køl i op til en uge.

Honning og løg balsamicodressing

Tilberedning + tilberedningstid: 1 time og 55 minutter | Portioner: 1)

ingredienser

3 hakkede løg

1 spiseskefuld smør

Salt og sort peber efter smag

2 spsk balsamicoeddike

1 skefuld honning

2 tsk friske timianblade

instruktioner

Forbered et vandbad og anbring Sous Vide deri. Indstil til 186F.

Varm en stegepande op ved middel varme med smør. Tilsæt løget, smag til med salt og peber og steg i 10 minutter. Tilsæt balsamicoeddike og kog i 1 minut. Fjern fra varmen og hæld honningen i.

Læg blandingen i en genlukkelig pose. Slip luften ud ved at presse vandet ud, luk og sænk posen i et vandbad. Bages i 90 minutter. Når timeren stopper, fjernes posen og overføres til en skål. Pynt med frisk timian. Server med pizza eller sandwich.

Tomatsovs

Tilberedning + tilberedningstid: 55 minutter | Portioner: 4

Ingredienser:

1 dåse (16 ounce) knuste tomater

1 lille hvidløg, hakket

1 kop friske basilikumblade

1 spsk olivenolie

1 fed presset hvidløg

salt efter smag

1 laurbærblad

1 rød peberfrugt

Instruktioner:

Lav en dobbelt kedel, tilsæt Sous Vide og juster temperaturen til 185 F. Placer alle de nævnte ingredienser i en genlukkelig pose. Slip luften ud ved at presse vandet ud, luk og sænk posen i et vandbad. Indstil timeren til 40 minutter. Når timeren stopper, skal du fjerne og åbne posen. Kassér laurbærbladet og kom de resterende ingredienser i en blender og blend godt. Server som tilbehør.

Fisk og skaldyr

Forberedelse + tilberedningstid: 10 timer og 10 minutter | Portioner: 6

Ingredienser:

1 kg rejeskaller, med hoved og hale

3 kopper vand

1 spsk olivenolie

2 spsk salt

2 kviste rosmarin

½ hoved hakket hvidløg

½ kop hakkede bladselleri

Instruktioner:

Lav en dobbelt kedel, tilsæt Sous Vide og juster temperaturen til 180 F. Hæld olivenolien over rejerne. Læg rejerne i en genlukkelig pose med resten af de nævnte ingredienser. Slip luften ud, luk posen og nedsænk den i et vandbad og indstil timeren til 10 timer.

Fiske suppe

Forberedelse + tilberedningstid: 10 timer og 15 minutter | Portioner: 4

Ingredienser:

5 kopper vand
½ kg fiskefilet, skind
1 kg fiskehoved
5 mellemstore grønne løg
3 søde løg
¼ sort tang (Kombu)

Instruktioner:

Lav en dobbeltkedel, tilsæt Sous Vide og opvarm til 194 F. Adskil alle anførte ingredienser ligeligt i 2 vakuumposer, drej toppen af posen to gange. Læg dem i dampkogeren og opbevar dem i Sous Vide-beholderen. Indstil timeren til 10 timer.

Når timeren stopper, fjern poserne og overfør ingredienserne til gryden. Kog ingredienserne ved høj varme i 5 minutter, sluk for varmen og sigt. Opbevares i køleskabet og bruges i op til 14 dage.

Sennep og asparges sauce

Tilberedning + tilberedningstid: 30 minutter | Portioner: 2

ingredienser

1 stort bundt asparges

Salt og sort peber efter smag

¼ kop olivenolie

1 tsk dijonsennep

1 tsk dild

1 tsk rødvinseddike

1 kogt æg, hakket

Frisk hakket persille

instruktioner

Forbered et vandbad og anbring Sous Vide deri. Indstil til 186F.

Pres bunden af aspargesene og kassér dem.

Pil bunden af stilken og læg den i en vakuumforseglet pose. Slip luften ud ved at presse vandet ud, luk og sænk posen i et vandbad. Bages i 15 minutter.

Når timeren stopper, skal du fjerne posen og overføre den til isbadet. Adskil kogesaften. Til vinaigretten blandes olie, eddike og sennep i en skål; Ryst godt. Tilsæt salt og overfør til en krukke. Luk og ryst, indtil det er godt blandet. Tilsæt persille, æg og vinaigrette ovenpå.

grøntsagsbouillon

Forberedelse + tilberedningstid: 12 timer og 35 minutter | Portioner: 10)

Ingredienser:

1 ½ dl hakket sellerirod
1½ kop hakket porre
½ kop fennikelløg, skåret i tern
4 knuste fed hvidløg
1 spsk olivenolie
6 kopper vand
1 ½ kop svampe
½ kop hakket persille
1 skefuld sort peber
1 laurbærblad

Instruktioner:

Lav en dobbelt kedel, tilsæt Sous Vide og juster temperaturen til 180 F. Forvarm ovnen til 450 F. Placer porrer, selleri, fennikel, hvidløg og olivenolie i en skål. Spil dem. Læg på en bageplade og sæt i ovnen. Bages i 20 minutter.

Læg de ristede grøntsager med deres saft, vand, persille, peber, svampe og laurbærblade i en vakuumlukkelig pose. Lad luften komme ud, luk og nedsænk posen i et vandbad og indstil timeren til 12 timer. Dæk dobbeltkedlen med plastfolie for at reducere fordampningen og fortsæt med at tilføje vand til badet for at holde grøntsagerne dækket.

Når timeren stopper, skal du fjerne og åbne posen. Si ingredienserne. Lad afkøle og brug frosset i op til 1 måned.

Når timeren stopper, skal du fjerne og åbne posen. Si ingredienserne. Lad afkøle og brug frosset i op til 2 uger.

Tabasco hvidløg Edamame ost

Forberedelse + tilberedningstid: 1 time og 6 minutter | Portioner: 4

ingredienser

1 spsk olivenolie
4 kopper friske edamame bælg
1 skefuld salt
1 fed hakket hvidløg
1 tsk rød peberflager
1 skefuld Tabasco sauce

instruktioner

Forbered et vandbad og anbring Sous Vide deri. Indstil til 186F.

Varm en gryde med vand op over høj varme og blancher edamame-panderne i 60 sekunder. Dræn dem og læg dem i et isbad. Bland hvidløg, rød peberflager, Tabasco sauce og olivenolie.

Læg edamamen i en vakuumforseglet pose. Hæld Tabasco sauce i. Slip luften ud ved at presse vandet ud, luk og sænk posen i et vandbad. Bages i 1 time. Når timeren stopper, fjernes posen, overføres til en skål og serveres.

Herby's Ærtepuré

Tilberedning + tilberedningstid: 55 minutter | Portioner: 6

ingredienser

½ kop grøntsagsbouillon

1 kilo friske ærter

Skal af 1 citron

2 spsk hakket frisk basilikum

1 spsk olivenolie

Salt og sort peber efter smag

2 spsk hakket frisk purløg

2 spsk hakket frisk persille

¾ tsk hvidløgspulver

instruktioner

Forbered et vandbad og anbring Sous Vide deri. Indstil til 186F.

Bland ærter, citronskal, basilikum, olivenolie, sort peber, purløg, persille, salt og hvidløgspulver og kom i en genlukkelig pose. Slip luften ud ved at presse vandet ud, luk og sænk posen i et vandbad. Bages i 45 minutter. Når timeren stopper, fjern posen og overfør den til blenderen og blend godt.

Ristet kartoffelmos med salvie

Forberedelse + tilberedningstid: 1 time og 35 minutter | Portioner: 6

ingredienser

¼ kop smør

12 uskrællede søde kartofler

10 hakkede fed hvidløg

4 spiseskefulde salt

6 skeer olivenolie

5 kviste frisk salvie

1 skefuld paprika

instruktioner

Forbered et vandbad og anbring Sous Vide deri. Indstil til 192F.

Tilsæt kartofler, hvidløg, salt, olivenolie og 2 eller 3 kviste timian og sæt dem i vakuum. Slip luften ud ved at presse vandet ud, luk og sænk posen i et vandbad. Bages i 1 time og 15 minutter.

Forvarm ovnen til 450 F. Når timeren stopper, skal du fjerne kartoflerne og overføre dem til en skål. Adskil kogesaften.

Bland kartoflerne godt sammen med smørret og den resterende salvie. Læg dem på en bageplade, der tidligere er beklædt med aluminiumsfolie. Lav en fordybning i midten af kartoflen og hæld kogevæsken i. Bag kartoflerne i 10 minutter og vend dem efter 5 minutter. Kassér salvie. Overfør til en tallerken og server drysset med paprika.

Asparges i smør med timian og ost

Tilberedning + tilberedningstid: 21 minutter | Portioner: 6

ingredienser

¼ kop revet pecorino Romano ost

16 ounce friske asparges, trimmet

4 spsk smør i tern

salt efter smag

1 fed hakket hvidløg

1 spsk timian

instruktioner

Forbered et vandbad og anbring Sous Vide deri. Indstil til 186F.

Læg aspargesene i en vakuumforseglet pose. Tilsæt tern af smør, hvidløg, salt og timian. Slip luften ud ved at presse vandet ud, luk og sænk posen i et vandbad. Bages i 14 minutter.

Når timeren stopper, fjernes posen og aspargesene overføres til en tallerken. Dryp med lidt af kogesaften. Pynt med Pecorino Romano ost.

Lækker pastinak med honningglasur

Forberedelse + tilberedningstid: 1 time og 8 minutter | Portioner: 4

ingredienser

1 kg pastinak, pillet og hakket

3 spiseskefulde smør

2 skeer honning

1 spsk olivenolie

Salt og sort peber efter smag

1 spsk hakket frisk persille

instruktioner

Forbered et vandbad og anbring Sous Vide deri. Indstil til 186F.

Læg pastinak, smør, honning, olivenolie, salt og peber i en genlukkelig pose. Slip luften ud ved at presse vandet ud, luk og sænk posen i et vandbad. Bages i 1 time.

Varm en pande op ved middel varme. Når timeren stopper, fjern posen og overfør indholdet til gryden og kog i 2 minutter, indtil væsken bliver til en belægning. Tilsæt persillen og rør hurtigt. Tjene.

Tomat og flødeost sandwich

Tilberedning + tilberedningstid: 55 minutter | Portioner: 8)

ingredienser

½ kop hytteost
2 kilo hakkede tomater
Salt og sort peber efter smag
2 spsk olivenolie
2 fed hvidløg, hakket
½ tsk hakket frisk salvie
⅛ tsk rød peberflager
½ tsk hvidvinseddike
2 spsk smør
4 skiver brød
2 skiver halloumi ost

instruktioner

Forbered et vandbad og anbring Sous Vide deri. Sæt til 186 F. Placer tomater i et dørslag sat over en skål og krydr med salt. Ryst godt. Lad fryse i 30 minutter. Kassér safterne. Bland olivenolie, hvidløg, salvie, sort peber, salt og paprika.

Læg i en vakuumforseglet pose. Slip luften ud ved at presse vandet ud, luk og sænk posen i et vandbad. Bages i 40 minutter.

Når timeren stopper, skal du fjerne posen og overføre den til blenderen. Tilsæt eddike og flødeost. Bland indtil glat. Kom over på en tallerken og smag evt til med salt og peber.

For at lave ostestængerne: Varm en stegepande op over medium varme. Smør brødskiverne med smør og læg dem i gryden. Læg osteskiverne på brødet og læg på et andet stykke smørbrød. Steg 1-2 minutter. Gentag med det resterende brød. Skær i tern. Server med varm suppe.

Rødbedesalat med cashewnødder og flødeost

Forberedelse + tilberedningstid: 1 time og 35 minutter | Portioner: 8)

ingredienser

6 store rødbeder, skrællet og skåret i stykker

Salt og sort peber efter smag

3 spsk ahornsirup

2 spsk smør

Skal af 1 stor appelsin

1 spsk olivenolie

½ tsk cayennepeber

1½ kop cashewnødder

6 kopper rucola

3 mandariner, skrællet og segmenteret

1 kop smuldret flødeost

instruktioner

Forbered et vandbad og anbring Sous Vide deri. Indstil til 186F.

Læg rødbedestykkerne i en vakuumforseglet pose. Smag til med salt og peber. Tilsæt 2 spsk ahornsirup, smør og appelsinskal. Slip luften ud ved at presse vandet ud, luk og sænk posen i et vandbad. Bages i 1 time og 15 minutter.

Forvarm ovnen til 350F.

Rør den resterende ahornsirup, olivenolie, salt og cayennepeber i. Tilsæt cashewnødderne og bland godt. Læg cashewblandingen på en bageplade, der tidligere er smurt med sort peber, og bag i 10 minutter. Stil til side og lad det køle af.

Når timeren stopper, fjern rødbederne og kasser kogesaften. Læg rucolaen på et serveringsfad, med rødbede- og mandarinskiver. Til servering toppes med friskost og cashewblanding.

Blomkålsost Chili

Tilberedning + tilberedningstid: 52 minutter | Portioner: 5

ingredienser

½ kop revet provolone ost

1 blomkålshoved skåret i buketter

2 fed hvidløg, hakket

Salt og sort peber efter smag

2 spsk smør

1 spsk olivenolie

½ stor rød peber, skåret i skiver

½ stor gul peber, skåret i strimler

½ stor orange peber, skåret i strimler

instruktioner

Forbered et vandbad og anbring Sous Vide deri. Indstil til 186F.

Bland blomkålsbuketter, 1 fed hvidløg, salt, peber, halvdelen af smørret og halvdelen af olivenolien godt.

I en anden skål kombineres peberfrugterne, resterende hvidløg, resterende salt, peber, resterende smør og resterende olivenolie.

Læg blomkålen i en vakuumforseglet pose. Læg peberfrugterne i en anden vakuumforseglet pose. Slip luften ud ved at presse vandet ud, luk og sænk poserne i et vandbad. Bages i 40 minutter.

Når timeren stopper, skal du fjerne poserne og overføre indholdet til en skål. Kassér kogesaften. Bland grøntsagerne og drys provoloneosten over.

Efterårscreme og græskarsuppe

Forberedelse + tilberedningstid: 2 timer og 20 minutter | Portioner: 6

ingredienser

¾ kop fløde

1 hakket zucchini

1 stor pære

½ hakket gult løg

3 kviste frisk timian

1 fed hakket hvidløg

1 tsk spidskommen pulver

Salt og sort peber efter smag

4 spsk creme fraîche

instruktioner

Forbered et vandbad og anbring Sous Vide deri. Indstil til 186F.

Tilsæt græskar, pære, løg, timian, hvidløg, spidskommen og salt. Læg i en vakuumforseglet pose. Slip luft ud ved vandfortrængningsmetode, luk og nedsænk i vandbad. Bages i 2 timer.

Når timeren stopper, fjern posen og overfør hele indholdet til blenderen. Purér indtil glat. Tilsæt fløden og bland godt. Smag til med salt og peber. Kom blandingen over i skåle og top med lidt fløde. Pynt med pærestykker.

Kartoffel, selleri og porresuppe

Forberedelse + tilberedningstid: 2 timer og 15 minutter | Portioner: 8)

ingredienser

8 spiseskefulde smør

4 røde kartofler i skiver

1 gult løg skåret i ¼ tomme stykker

1 bladselleri, skåret i ½-tommers stykker

4 kopper ½ tomme hakkede porrer, kun hvide dele

1 kop grøntsagsbouillon

1 hakket gulerod

4 fed hvidløg, hakket

2 laurbærblade

Salt og sort peber efter smag

2 kopper fløde

¼ kop hakket frisk purløg

instruktioner

Forbered et vandbad og anbring Sous Vide deri. Indstil til 186F.

Læg kartofler, gulerødder, løg, selleri, porrer, grøntsagsbouillon, smør, hvidløg og laurbærblade i en vakuumforseglet pose. Slip luften ud ved at presse vandet ud, luk og sænk posen i et vandbad. Bages i 2 timer.

Når timeren stopper, skal du fjerne posen og overføre den til blenderen. Kassér laurbærbladet. Bland indholdet og smag til med salt og peber. Hæld langsomt cremen i og bland i 2-3 minutter, indtil det er glat. Afdryp og pynt med purløg til servering.

Coleslaw med citron og tranebær

Tilberedning + tilberedningstid: 15 minutter | Portioner: 6

ingredienser

6 kopper frisk grønkål, skrællet

6 skeer olivenolie

2 knuste fed hvidløg

4 spiseskefulde citronsaft

½ tsk salt

¾ kop tørrede tranebær

instruktioner

Forbered et vandbad og anbring Sous Vide deri. Indstil temperaturen til 196 F. Kast halsen med 2 spiseskefulde olivenolie. Læg den i en vakuumforseglet pose. Slip luften ud ved at presse vandet ud, luk og sænk posen i et vandbad. Bages i 8 minutter.

Tilsæt den resterende olivenolie, hvidløg, citronsaft og salt. Når timeren stopper, fjernes grønkålen og overføres til en tallerken. Hæld saucen i. Pynt med tranebær.

Citrusmajs med tomatsauce

Tilberedning + tilberedningstid: 55 minutter | Portioner: 8)

ingredienser

⅓ kop olivenolie

4 aks af gule majs, afskallede

Salt og sort peber efter smag

1 stor tomat, skåret i skiver

3 spiseskefulde citronsaft

2 fed hvidløg, hakket

1 serano peber, uden kerner

4 løg, kun grønne dele, hakket

½ bundt friske korianderblade, hakket

instruktioner

Forbered et vandbad og anbring Sous Vide deri. Indstil til 186 F. Dryp grønne bønner med olivenolie og krydr med salt og peber. Læg dem i en vakuumforseglet pose. Slip luften ud ved at presse vandet ud, luk og sænk posen i et vandbad. Bages i 45 minutter.

Kombiner i mellemtiden tomater, limesaft, hvidløg, serranopeber, spidskål, koriander og den resterende olivenolie i en skål. Varm grillen op til høj varme.

Når timeren stopper, skal du fjerne indmaden og placere dem på grillen og koge i 2-3 minutter. Lad afkøle. Skær kernen af kolben og hæld tomatsaucen over. Server med fisk, salat eller tortillachips.

Tamari ingefær rosenkål med sesam

Tilberedning + tilberedningstid: 43 minutter | Portioner: 6

ingredienser

1½ pund rosenkål, halveret

2 fed hvidløg, hakket

2 spiseskefulde vegetabilsk olie

1 spsk tamari sauce

1 kop. revet ingefær

¼ tsk rød peberflager

¼ tsk ristet sesamolie

1 spsk sesamfrø

instruktioner

Forbered et vandbad og anbring Sous Vide deri. Indstil til 186 F. Opvarm en stegepande over medium varme og tilsæt hvidløg, vegetabilsk olie, tamari sauce, ingefær og rød peberflager. Kog i 4-5 minutter. Lad det ligge til side.

Læg rosenkålene i en vakuumforseglet pose og hæld tamariblandingen i. Slip luften ud ved at presse vandet ud, luk og sænk posen i et vandbad. Bages i 30 minutter.

Når timeren stopper, fjern posen og tør den med et køkkenrulle. Lager op på juice til madlavning. Læg spirerne i en skål og dryp med sesamolie. Læg spirerne på en tallerken og hæld kogesaften over. Pynt med sesamfrø.

Rødbedesalat

Forberedelse + tilberedningstid: 2 timer og 25 minutter | Portioner: 3

Ingredienser:

1 ¼ kop rødbeder, trimmet og skåret i små stykker

1 kop hakket frisk spinat

2 spsk olivenolie

1 spsk citronsaft, friskpresset

1 spsk balsamicoeddike

2 knuste fed hvidløg

1 spiseskefuld smør

Salt og sort peber efter smag

Instruktioner:

Vask og rens rødbederne godt. Skær i små stykker og læg i en vakuumforseglet pose med smør og presset hvidløg. Kog Sous Vide i 2 timer ved 185 F. Lad afkøle.

Kog en stor gryde vand op og tilsæt spinaten. Kog i et minut og fjern fra varmen. Det tørrer godt. Overfør til en vakuumpose og kog Sous Vide i 10 minutter ved 180 F. Fjern fra vandbadet og afkøl helt. Kom i en stor skål og tilsæt de kogte rødbeder. Smag til med salt, peber, eddike, olivenolie og citronsaft. Server straks.

Grønt hvidløg med mynte

Tilberedning + tilberedningstid: 30 minutter | Portioner: 2

Ingredienser:

½ kop hakket frisk cikorie

½ kop vilde asparges, finthakkede

½ kop hakket chard

¼ kop hakket frisk mynte

¼ kop revet rucola

2 fed hvidløg, hakket

½ tsk salt

4 spsk friskpresset citronsaft

2 spsk olivenolie

Instruktioner:

Fyld en stor gryde med saltet vand og tilsæt det grønne. Bages i 3 minutter. Fjern og dræn. Tryk let med hænderne og hak det grønne med en skarp kniv. Overfør til en stor vakuumforseglet pose og kog Sous Vide i 10 minutter ved 162 F. Fjern fra vandbadet og sæt til side.

Varm olivenolien op i en stor gryde ved middel varme. Tilsæt hvidløg og steg i 1 minut. Tilsæt grønt og salt. Drys med frisk citronsaft og server.

Rosenkål i hvidvin

Tilberedning + tilberedningstid: 35 minutter | Portioner: 4

Ingredienser:

1 pund rosenkål, trimmet
½ kop ekstra jomfru olivenolie
½ kop hvidvin
Salt og sort peber efter smag
2 spsk frisk persille, finthakket
2 knuste fed hvidløg

Instruktioner:

Læg rosenkålene i en stor vakuumforseglet pose med tre spiseskefulde olivenolie. Kog Sous Vide i 15 minutter ved 180 F. Fjern fra posen.

Opvarm den resterende olie i en stor slip-let stegepande. Tilsæt rosenkål, presset hvidløg, salt og peber. Grill kort, ryst panden et par gange, indtil den er let forkullet på alle sider. Tilsæt vinen og bring det i kog. Bland godt og fjern fra varmen. Drys med hakket persille og server.

Rødbede- og gedeostsalat

Forberedelse + tilberedningstid: 2 timer og 20 minutter | Portioner: 3

Ingredienser:

1 kg rødbede skåret i skiver

½ kop blancherede mandler

2 spsk hasselnødder, uden skind

2 spsk olivenolie

1 fed hakket hvidløg

1 tsk spidskommen pulver

1 tsk citronskal

salt efter smag

½ kop smuldret gedeost

Friske mynteblade til pynt

have på:

2 spsk olivenolie

1 spiseskefuld æblecidereddike

Instruktioner:

Lav en dobbeltkedel, tilsæt Sous Vide og indstil til 183F.

Læg rødbederne i en vakuumforseglet pose. Slip luften ud ved hjælp af vandklemmetoden, luk og nedsænk posen i et vandbad og indstil timeren til 2 timer. Når timeren stopper, skal du fjerne og åbne posen. Stil rødbederne til side.

Stil gryden over middel varme, tilsæt mandler og hasselnødder og kog i 3 minutter. Overfør til et skærebræt og hak. Tilsæt olivenolien i samme gryde, tilsæt hvidløg og spidskommen. Kog i 30 sekunder. Sluk for ilden. Tilsæt gedeost, mandler, citronskal og hvidløgsblandingen i skålen. At blande. Bland olie og eddike og stil til side. Server som tilbehør.

Blomkål og broccolisuppe

Tilberedning + tilberedningstid: 70 minutter | Portioner: 2

Ingredienser:

1 mellemstor blomkål, skåret i små bundter

½ kg broccoli, skåret i små buketter

1 hakket grøn peber

1 hakket løg

1 spsk olivenolie

1 fed presset hvidløg

½ kop grøntsagsbouillon

½ kop skummetmælk

Instruktioner:

Lav en dobbeltkedel, tilsæt Sous Vide og indstil til 185F.

Læg blomkål, broccoli, peberfrugt og hvidløg i en genlukkelig pose og hæld olivenolien heri. Slip luften ud ved hjælp af vandklemmetoden og luk posen. Dyp posen i et vandbad. Indstil timeren til 50 minutter og bag.

Når timeren stopper, skal du fjerne posen og åbne den. Kom grøntsagerne i en blender, tilsæt hvidløg og mælk og blend til en jævn masse.

Stil gryden over middel varme, tilsæt grøntsagsmos og grøntsagsbouillon og kog i 3 minutter. Smag til med salt og peber. Serveres varm som tilbehør.

Eller ærter med mynte

Tilberedning + tilberedningstid: 25 minutter | Portioner: 2

Ingredienser:

1 spiseskefuld smør
½ kop ærter
1 spsk hakkede mynteblade
Lidt salt
Sukker efter ønske

Instruktioner:

Lav en dobbeltkedel, tilsæt Sous Vide og juster temperaturen til 183 F. Placer alle ingredienser i en genlukkelig pose. Slip luften ud ved hjælp af vandfortrængningsmetoden, luk og fordyb dig i badekarret. Bages i 15 minutter.

Når timeren stopper, skal du fjerne og åbne posen. Overfør ingredienserne til en serveringsfad. Server som krydderi.

Rosenkål i sød sirup

Tilberedning + tilberedningstid: 75 minutter | Portioner: 3

Ingredienser:

4 kg rosenkål, delt

3 spiseskefulde olivenolie

¾ kop fiskesauce

3 spiseskefulde vand

2 skeer sukker

1 ½ spsk riseddike

2 spsk citronsaft

3 røde peberfrugter, skåret i tynde skiver

2 fed hvidløg, hakket

Instruktioner:

Lav en dobbeltkedel, tilsæt Sous Vide og indstil til 183 F. Hæld rosenkål, salt og olie i en vakuumforseglet pose, lad luften komme ud ved hjælp af vandfortrængningsmetoden, forsegl og nedsænk posen inde i badet. Maria. Indstil timeren til 50 minutter.

Når timeren stopper, fjern posen, åbn forseglingen og læg rosenkålene på en bageplade beklædt med aluminiumsfolie. Varm grillen op til maksimum, stil bradepanden på den og kog i 6 minutter. Læg rosenkålene i en skål.

Lav saucen: Tilsæt de andre angivne madlavningsingredienser i en skål og bland. Tilsæt dressingen til rosenkålen og bland godt. Server som tilbehør.

Radise med vegetabilsk ost

Forberedelse + tilberedningstid: 1 time og 15 minutter | Portioner: 3

Ingredienser:

10 ounce gedeost

4 oz flødeost

¼ kop hakket rød peber

3 spsk pesto

3 spiseskefulde citronsaft

2 spsk persille

2 fed hvidløg

9 store radiser, skåret i skiver

Instruktioner:

Lav en dobbelt kedel, tilsæt Sous Vide og juster temperaturen til 181 F. Læg radiseskiverne i en genlukkelig pose, slip luften og forsegl posen. Nedsænk posen i et vandbad og indstil timeren til 1 time.

Bland de øvrige ingredienser i en skål og hæld blandingen i posen. Lad det ligge til side. Når timeren stopper, skal du fjerne posen og åbne den. Anret radiseskiverne på en tallerken og hæld osteblandingen over hver skive. Server som snack.

kål stuvet med balsamico

Tilberedning + tilberedningstid: 1 time og 45 minutter | Portioner: 3

Ingredienser:

1 kg rødkål, skåret i to og udkernet
1 skalotteløg, skåret i tynde skiver
2 fed hvidløg, skåret i tynde skiver
½ spsk balsamicoeddike
½ spsk usaltet smør
salt efter smag

Instruktioner:

Lav en dobbeltkedel, tilsæt Sous Vide og juster temperaturen til 185 F. Del kålen og de resterende ingredienser i 2 genlukkelige poser. Slip luften ud ved hjælp af vandklemmetoden og luk poserne. Læg dem i gryden og indstil timeren til at koge i 1 time og 30 minutter.

Når timeren stopper, skal du fjerne og åbne poserne. Overfør kålen til serveringsfade sammen med saften. Smag til med salt og eddike. Server som tilbehør.

pocheret tomat

Tilberedning + tilberedningstid: 45 minutter | Portioner: 3

Ingredienser:

4 kopper cherrytomater

5 spiseskefulde olivenolie

½ spsk hakkede friske rosmarinblade

½ spsk hakkede friske timianblade

Salt og sort peber efter smag

Instruktioner:

Lav en dobbeltkedel, tilsæt Sous Vide og opvarm til 131 F. Fordel de anførte ingredienser i 2 genlukkelige poser, krydr med salt og peber. Slip luften ud ved hjælp af vandklemmetoden og luk poserne. Læg dem i gryden og sæt timeren til at koge i 30 minutter.

Når timeren stopper, skal du fjerne poserne og åbne dem. Overfør tomaterne til en skål med saften. Server som tilbehør.

Ratatouille

Forberedelse + tilberedningstid: 2 timer og 10 minutter | Portioner: 3

Ingredienser:

2 skiver zucchini

2 hakkede tomater

2 røde peberfrugter, udsået og skåret i 5 cm tern

1 lille aubergine, skåret i skiver

1 løg skåret i 1 tomme tern

salt efter smag

½ rød peberflager

8 knuste fed hvidløg

2½ spsk olivenolie

5 kviste + 2 basilikumblade

Instruktioner:

Lav en dobbelt kedel, tilsæt Sous Vide og opvarm til 185 F. Placer tomater, zucchini, løg, peberfrugt og aubergine i 5 separate vakuumforseglede poser. Læg hvidløg, basilikumblade og 1 spsk olivenolie i hver pose. Slip luften ud ved hjælp af vandklemmetoden, forsegl og nedsænk poserne i et vandbad, og indstil timeren til 20 minutter.

Når timeren stopper, fjern posen med tomater. Lad det ligge til side. Nulstil timeren til 30 minutter. Når timeren stopper, fjern poserne med zucchini og rød peberfrugt. Lad det ligge til side. Nulstil timeren til 1 time.

Når timeren stopper, fjern de resterende poser og kasser hvidløg og basilikumblade. Kom tomaterne i skålen og mos forsigtigt med en ske. Hak resten af grøntsagerne og tilsæt tomaterne. Smag til med salt, rød peberflager, resterende olivenolie og basilikum. Server som tilbehør.

Tomatsuppe

Tilberedning + tilberedningstid: 60 minutter | Portioner: 3

Ingredienser:

2 kg tomater skåret i halve
1 hakket løg
1 stilk hakket selleri
3 spiseskefulde olivenolie
1 spsk tomatpuré
En knivspids sukker
1 laurbærblad

Instruktioner:

Lav en dobbelt kedel, tilsæt Sous Vide og opvarm til 185 F. Placer alle de nævnte ingredienser undtagen salt i en skål og bland. Læg dem i en vakuumforseglet pose. Slip luften ud ved at presse vandet ud, luk og sænk posen i et vandbad. Indstil timeren til 40 minutter.

Når timeren stopper, skal du fjerne posen og åbne den. Blend ingredienserne i blenderen. Hæld tomatpuréen i gryden og varm op ved middel varme. Tilsæt salt og kog i 10 minutter. Hæld suppen i skåle og lad afkøle. Serveres varm med lavt kulhydratbrød.

Ristede rødbeder

Forberedelse + tilberedningstid: 1 time og 15 minutter | Portioner: 3

Ingredienser:

2 rødbeder, skrællet og skåret i 2,5 cm stykker

⅓ kop balsamicoeddike

½ tsk olivenolie

⅓ kop ristede valnødder

⅓ kop revet Grana Padano ost

Salt og sort peber efter smag

Instruktioner:

Lav en dobbeltkedel, tilsæt Sous Vide, og juster temperaturen til 183 F. Placer rødbederne, eddike og salt i en genlukkelig pose. Slip luften ud ved at presse vandet ud, luk og sænk posen i et vandbad. Indstil timeren til 1 time.

Når timeren stopper, skal du fjerne og åbne posen. Læg rødbederne i en skål, tilsæt olivenolien og bland. Drys med nødder og ost. Server som tilbehør.

Aubergine lasagne

Forberedelse + tilberedningstid: 3 timer | Portioner: 3

Ingredienser:

1 kg aubergine, skrællet og skåret i tynde skiver
1 skefuld salt
1 kop tomatsauce, delt i 3 dele
2 ounce frisk mozzarella, skåret i tynde skiver
1 ounce revet parmesan
2 ounces blandet italiensk ost, revet
3 spsk hakket frisk basilikum

tag:

½ spsk macadamianødder, ristet og hakket
1 ounce revet parmesan
1 ounce italiensk osteblanding, revet

Instruktioner:

Lav en dobbelt kedel, placer i Sous Vide og juster temperaturen til 183 F. Krydr auberginen med salt. Læg vakuumposen til side, tilsæt halvdelen af auberginen, fordel tomatsaucen, lag af mozzarella, derefter parmesan, derefter ost og basilikumblandingen. Hæld den anden portion tomatsauce i.

Luk posen forsigtigt ved hjælp af vandekstruderingsmetoden, og hold den så flad som muligt. Dyp posen i et vandbad. Indstil timeren til 2 timer og bag. Ånd ud 2 til 3 gange i løbet af de første 30 minutter, da auberginen frigiver gas, mens den koger.

Når timeren stopper, skal du forsigtigt fjerne posen og gennembore hjørnet af posen med en nål for at dræne væsken fra posen. Læg posen på et serveringsfad, åbn låget og skub forsigtigt lasagnen over på tallerkenen. Top med resterende tomatsauce, macadamianødder, blandede oste og parmesanost. Smelt og brun osten med en brændeovn.

Svampesuppe

Tilberedning + tilberedningstid: 50 minutter | Portioner: 3

Ingredienser:

1 kg blandede svampe
2 hakkede løg
3 fed hvidløg
2 kviste hakket persille
2 spsk timianpulver
2 spsk olivenolie
2 kopper fløde
2 kopper grøntsagsbouillon

Instruktioner:

Lav en dobbelt kedel, tilsæt Sous Vide og juster temperaturen til 185 F. Placer svampe, løg og selleri i en genlukkelig pose. Slip luften ud ved at presse vandet ud, luk og sænk posen i et vandbad. Indstil timeren til 30 minutter. Når timeren stopper, skal du fjerne og åbne posen.

Blend ingredienserne i posen i en blender. Stil gryden over medium varme, tilsæt olien. Så snart den begynder at blive varm, tilsættes svampepuréen og de resterende ingredienser undtagen fløden. Bages i 10 minutter. Sluk for varmen og tilsæt fløden. Bland godt og server.

Vegetarisk risotto med parmesanost

Tilberedning + tilberedningstid: 65 minutter | Portioner: 5

Ingredienser:

2 kopper arborio ris

½ kop almindelig hvid ris

1 kop grøntsagsbouillon

1 kop vand

6-8 ounces revet parmesanost

1 hakket løg

1 spiseskefuld smør

Salt og sort peber efter smag

Instruktioner:

Forbered et vandbad og anbring Sous Vide deri. Indstil temperaturen til 185 F. Smelt smørret i en gryde over medium varme. Tilsæt løg, ris og krydderier og steg i et par minutter. Overfør til en genlukkelig pose. Slip luften ud ved at presse vandet ud, luk og sænk posen i et vandbad. Indstil timeren til 50 minutter. Når timeren stopper, fjern posen og tilsæt parmesanosten.

Grøn suppe

Tilberedning + tilberedningstid: 55 minutter | Portioner: 3

Ingredienser:

4 kopper grøntsagsbouillon

1 spsk olivenolie

1 fed presset hvidløg

1 tomme skiver ingefær

1 tsk korianderpulver

1 stor zucchini i tern

3 kopper grønkål

2 kopper broccoli skåret i buketter

1 citron presset og revet

Instruktioner:

Lav en dobbelt kedel, tilsæt Sous Vide og juster temperaturen til 185 F. Læg broccoli, zucchini, grønkål og persille i en genlukkelig pose. Slip luften ud ved at presse vandet ud, luk og sænk posen i et vandbad. Indstil timeren til 30 minutter.

Når timeren stopper, skal du fjerne og åbne posen. Tilsæt de dampede ingredienser til blenderen sammen med hvidløg og ingefær. Purér indtil glat. Hæld den grønne puré i gryden og tilsæt de øvrige angivne ingredienser. Stil gryden over medium varme og kog i 10 minutter. Server som en let ret.

Blandet grøntsagssuppe

Tilberedning + tilberedningstid: 55 minutter | Portioner: 3

Ingredienser:

1 sødt løg i skiver

1 tsk hvidløgspulver

2 kopper zucchini skåret i små tern

3 ounce parmesan creme

2 kopper babyspinat

2 spsk olivenolie

1 tsk rød peberflager

2 kopper grøntsagsbouillon

1 kvist rosmarin

salt efter smag

Instruktioner:

Lav en dobbelt kedel, tilsæt Sous Vide og opvarm til 185 F. Bland alle ingredienserne med olivenolien undtagen hvidløg og salt og læg dem i en genlukkelig pose. Slip luften ud ved at presse vandet ud, luk og sænk posen i et vandbad. Indstil timeren til 30 minutter.

Når timeren stopper, skal du fjerne og åbne posen. Kassér rosmarinen. Hæld resten af ingredienserne i gryden og tilsæt salt og hvidløgspulver. Stil gryden over medium varme og kog i 10 minutter. Server som en let ret.

Wontons med røget peber

Forberedelse + tilberedningstid: 5 timer og 15 minutter | Portioner: 9)

Ingredienser:

10 oz Wonton Wraps

10 ounce udvalgte grøntsager, revet

2 æg

1 spsk olivenolie

½ tsk chilipulver

½ tsk røget paprika

½ tsk hvidløgspulver

Salt og sort peber efter smag

Instruktioner:

Forbered et vandbad og anbring Sous Vide deri. Indstil til 165F.

Pisk æggene sammen med krydderierne. Tilsæt grøntsager og olie. Hæld blandingen i en vakuumforseglbar pose - Slip luften ud ved hjælp af vandklemmetoden, forsegl og nedsænk posen i et vandbad. Indstil timeren til 5 timer.

Når timeren stopper, fjernes posen og overføres til en skål. Fordel blandingen mellem raviolierne, rul sammen og klem kanterne sammen. Kog i kogende vand i 4 minutter ved middel varme.

Risret med quinoa og selleri

Forberedelse + tilberedningstid: 2 timer og 25 minutter | Portioner: 6

ingredienser

1 hakket selleri

1 spsk misopasta

6 fed hvidløg

5 kviste timian

1 tsk løgpulver

3 spiseskefulde ricotta

1 spsk sennepsfrø

Saft af ¼ stor citron

5 cherrytomater groft hakkede

Hakket persille

8 ounce vegansk smør

8 ounce kogt quinoa

instruktioner

Forbered et vandbad og anbring Sous Vide deri. Indstil til 186F.

Varm samtidig gryden op over middel varme og tilsæt hvidløg, timian og sennepsfrø. Kog i cirka 2 minutter. Tilsæt smørret og rør til det er gyldent. Bland med løgpulver og stil til side. Lad afkøle til stuetemperatur. Læg sellerien i en vakuumforseglet pose. Slip luften ud ved at presse vandet ud, luk og sænk posen i et vandbad. Bages i 2 timer.

Når timeren stopper, fjern posen og læg den i gryden og rør til den er gylden. Smag til med miso. Lad det ligge til side. Varm en pande op over middel varme, tilsæt tomat, sennep og quinoa. Bland med citronsaft og persille. Server med selleri og tomatblanding.

Radise- og basilikumsalat

Tilberedning + tilberedningstid: 50 minutter | Portioner: 2

Ingredienser:

20 små radiser, trimmet
1 spsk hvidvinseddike
¼ kop hakket basilikum
½ kop fetaost
1 skefuld sukker
1 spsk vand
¼ teskefuld salt

Instruktioner:

Forbered et vandbad og anbring Sous Vide deri. Indstil temperaturen til 200 F. Placer radiserne i en stor genlukkelig pose og tilsæt eddike, sukker, salt og vand. Ryst for at kombinere. Slip luft ud ved vandfortrængningsmetode, luk og nedsænk i vandbad. Bages i 30 minutter. Når timeren stopper, skal du fjerne posen og afkøle i isbadet. Serveres varm. Server med basilikum og fetaost.

peberblanding

Tilberedning + tilberedningstid: 35 minutter | Portioner: 2

Ingredienser:

1 hakket rød peberfrugt

1 hakket gul peber

1 hakket grøn peber

1 stor hakket appelsinpeber

salt efter smag

Instruktioner:

Lav en dobbelt kedel, placer i Sous Vide og juster temperaturen til 183 F. Placer alle de saltede peberfrugter i en genlukkelig pose. Slip luft ud ved vandfortrængningsmetode, luk og nedsænk i vandbad. Indstil timeren til 15 minutter. Når timeren stopper, skal du fjerne og åbne posen. Server peberfrugterne med juice som tilbehør.

Quinoa Gurkemeje Koriander

Tilberedning + tilberedningstid: 105 minutter | Portioner: 6

Ingredienser:

3 kopper quinoa

2 kopper fløde

½ kop vand

3 spsk korianderblade

2 teskefulde gurkemejepulver

1 spiseskefuld smør

½ skefuld salt

Instruktioner:

Forbered et vandbad og anbring Sous Vide deri. Indstil til 180F.

Læg alle ingredienser i en genlukkelig pose. Rør for at kombinere godt. Slip luften ud ved at presse vandet ud, luk og sænk posen i et vandbad. Indstil timeren til 90 minutter. Fjern posen, når timeren stopper. Serveres varm.

Hvide oregano bønner

Forberedelse + tilberedningstid: 5 timer og 15 minutter | Portionsstørrelse: 8

Ingredienser:

12 ounce hvide bønner

1 kop tomatpure

8 ounces grøntsagsbouillon

1 skefuld sukker

3 spiseskefulde smør

1 kop hakket løg

1 hakket peber

1 skefuld oregano

2 skeer paprika

Instruktioner:

Forbered et vandbad og anbring Sous Vide deri. Indstil til 185F.

Bland alle ingredienser i en vakuumpose. Rør for at kombinere. Slip luften ud ved at presse vandet ud, luk og sænk posen i et vandbad. Indstil timeren til 5 timer. Fjern posen, når timeren stopper. Serveres varm.

Kartoffelsalat og daddelsalat

Forberedelse + tilberedningstid: 3 timer og 15 minutter |
Portioner: 6

Ingredienser:

2 kilo kartofler skåret i tern

5 ounce hakkede dadler

½ kop smuldret gedeost

1 skefuld oregano

1 spsk olivenolie

1 spsk citronsaft

3 spiseskefulde smør

1 tsk koriander

1 skefuld salt

1 spsk hakket persille

¼ tsk hvidløgspulver

Instruktioner:

Forbered et vandbad og anbring Sous Vide deri. Indstil til 190F.

Læg kartofler, smør, dadler, oregano, koriander og salt i en genlukkelig pose. Slip luften ud ved at presse vandet ud, luk og sænk posen i et vandbad. Indstil timeren til 3 timer.

Når timeren stopper, fjernes posen og overføres til en skål. Pisk olivenolie, citronsaft, persille og hvidløgspulver og dryp over salaten. Hvis du bruger ost, drys ovenpå.

Peber

Forberedelse + tilberedningstid: 3 timer og 10 minutter | Portioner: 4

Ingredienser:

10 oz korn
4 spiseskefulde smør
1½ tsk paprika
10 oz vand
½ tsk hvidløgssalt

Instruktioner:

Forbered et vandbad og anbring Sous Vide deri. Indstil til 180F.

Læg alle ingredienser i en genlukkelig pose. Bland godt med en ske. Slip luften ud ved at presse vandet ud, luk og sænk posen i et vandbad. Indstil timeren til 3 timer. Fjern posen, når timeren stopper. Fordel mellem 4 serveringsskåle.

En blanding af grøntsager og vindruer

Tilberedning + tilberedningstid 105 minutter | Portioner: 9)

Ingredienser:

8 søde kartofler skåret i tern

2 snittede rødløg

4 oz purerede tomater

1 tsk hakket hvidløg

Salt og sort peber efter smag

1 spiseskefuld druesaft

Instruktioner:

Forbered et vandbad og anbring Sous Vide deri. Indstil temperaturen til 183 F. Placer alle ingredienser i en genlukkelig pose med ¼ kop vand. Slip luften ud ved at presse vandet ud, luk og sænk posen i et vandbad. Indstil timeren til 90 minutter. Fjern posen, når timeren stopper. Serveres varm.

En skål med kikærter og svampe med mynte

Forberedelse + tilberedningstid: 4 timer og 15 minutter | Portionsstørrelse: 8

Ingredienser:

9 ounce svampe

3 kopper grøntsagsbouillon

1 kg kikærter, udblødt natten over og afdryppet

1 spiseskefuld smør

1 skefuld paprika

1 skefuld sennep

2 spsk tomatjuice

1 skefuld salt

¼ kop hakket mynte

1 spsk olivenolie

Instruktioner:

Forbered et vandbad og anbring Sous Vide deri. Indstil temperaturen til 195 F. Læg bouillon og kikærter i en genlukkelig pose. Slip luften ud ved at presse vandet ud, luk og sænk posen i et vandbad. Indstil timeren til 4 timer.

Fjern posen, når timeren stopper. Varm olien op i en pande ved middel varme. Tilsæt svampe, tomatsaft, paprika, salt og sennep. Bages i 4 minutter. Dræn kikærterne og kom dem i gryden. Kog i yderligere 4 minutter. Tilsæt smør og mynte.

vegetabilsk caponata

Forberedelse + tilberedningstid: 2 timer og 15 minutter | Portioner: 4

Ingredienser:

4 dåse blommetomater, knuste

2 hakkede peberfrugter

2 skiver zucchini

½ hakket løg

2 auberginer i skiver

6 fed hvidløg, hakket

2 spsk olivenolie

6 basilikumblade

Salt og sort peber efter smag

Instruktioner:

Forbered et vandbad og anbring Sous Vide deri. Indstil temperaturen til 185 F. Kombiner alle ingredienser i en genlukkelig pose. Slip luften ud ved at presse vandet ud, luk og sænk posen i et vandbad. Indstil timeren til 2 timer. Når timeren stopper, læg den på pladen.

Stegt chard med citron

Tilberedning + tilberedningstid: 25 minutter | Portioner: 2

2 pund chard

4 spsk ekstra jomfru olivenolie

2 knuste fed hvidløg

1 hel citron, presset

2 teskefulde havsalt

Instruktioner:

Vask mangolden godt og afdryp den i et dørslag. Hak dem groft med en skarp kniv og kom over i en stor skål. Bland 4 spsk olivenolie, presset hvidløg, citronsaft og havsalt. Overfør til en stor genlukkelig pose. Kog sous vide i 10 minutter ved 180 F.

Grøntsagsmos

Forberedelse + tilberedningstid: 3 timer og 15 minutter |
Portioner: 4

Ingredienser:

2 zucchinier, skrællet og hakket
1 majroe, skrællet og hakket
1 stor sød kartoffel, skrællet og skåret i tern
1 spiseskefuld smør
Salt og sort peber efter smag
en knivspids muskatnød
¼ tsk timian

Instruktioner:

Forbered et vandbad og anbring Sous Vide deri. Indstil temperaturen til 185 F. Læg grøntsagerne i en genlukkelig pose. Slip luften ud ved at presse vandet ud, luk og læg i en bain-marie og kog i 3 timer. Når du er klar, fjern posen og mos grøntsagerne med kartoffelmosen. Tilsæt resten af ingredienserne.

Kål og peber i tomatsauce

Forberedelse + tilberedningstid: 4 timer og 45 minutter | Portioner: 6

Ingredienser:

2 pund snittet kål

1 kop skåret peber

1 kop tomatpure

2 hakkede løg

1 skefuld sukker

Salt og sort peber efter smag

1 spsk koriander

1 spsk olivenolie

Instruktioner:

Forbered et vandbad og anbring Sous Vide deri. Indstil til 184F.

Læg kål og løg i en vakuumpose og smag til med krydderier. Tilsæt tomatpuréen og bland godt. Slip luften ud ved at presse vandet ud, luk og sænk posen i et vandbad. Indstil timeren til 4 timer og 30 minutter. Fjern posen, når timeren stopper.

Linse- og tomatfad med sennep

Tilberedning + tilberedningstid: 105 minutter | Portionsstørrelse: 8

Ingredienser:

2 kopper linser

1 dåse tomater i tern, udrænet

1 kop grønne ærter

3 kopper grøntsagsbouillon

3 kopper vand

1 hakket løg

1 skåret gulerod

1 spiseskefuld smør

2 skeer sennep

1 tsk rød peberflager

2 spsk citronsaft

Salt og sort peber efter smag

Instruktioner:

Forbered et vandbad og anbring Sous Vide deri. Indstil temperaturen til 192 F. Placer alle ingredienser i en stor genlukkelig pose. Slip luften ud ved hjælp af vandfortrængningsmetoden, luk og fordyb dig i badekarret. Bages i 90 minutter. Når timeren stopper, fjernes posen og overføres til en stor skål og blandes inden servering.

Ris pilaf med peber og rosiner

Forberedelse + tilberedningstid: 3 timer og 10 minutter | Portioner: 6

Ingredienser:

2 kopper hvide ris

2 kopper grøntsagsbouillon

⅔ kop vand

3 spsk hakkede rosiner

2 skeer fløde

½ kop hakket rødløg

1 hakket peber

Salt og sort peber efter smag

1 spsk timian

Instruktioner:

Forbered et vandbad og anbring Sous Vide deri. Indstil til 180F.

Læg alle ingredienser i en genlukkelig pose. Rør for at kombinere godt. Slip luften ud ved at presse vandet ud, luk og sænk posen i et vandbad. Indstil timeren til 3 timer. Fjern posen, når timeren stopper. Serveres varm.

yoghurtsuppe

Forberedelse + tilberedningstid: 2 timer og 20 minutter | Portioner: 4

ingredienser

1 spsk olivenolie

1½ tsk spidskommen

1 mellemstor løg hakket

1 porre, skåret i halve og skåret i tynde skiver

salt efter smag

2 kilo hakkede gulerødder

1 laurbærblad

3 kopper grøntsagsbouillon

½ kop fuldfed yoghurt

Eddike

friske dildblade

instruktioner

Forbered et vandbad og anbring Sous Vide deri. Indstil temperaturen til 186 F. Opvarm olivenolien i en stor stegepande over medium varme og tilsæt spidskommen. Steg dem i 1 minut. Tilsæt løg, salt og porre og steg i 5-7 minutter eller indtil de er bløde. I en stor skål kombineres løg, laurbærblad, gulerod og 1/2 spsk salt.

Fordel blandingen i en vakuumforseglet pose. Slip luften ud ved at presse vandet ud, luk og sænk posen i et vandbad. Bages i 2 timer.

Når timeren stopper, fjern posen og hæld den i beholderen. Tilsæt grøntsagsbouillonen og bland. Tilsæt yoghurten. Smag suppen til med lidt salt og eddike og server pyntet med dildblade.

græskar

Forberedelse + tilberedningstid: 1 time og 35 minutter | Portioner: 4

ingredienser

2 spsk smør

¾ kop hakket løg

1½ pund skåret zucchini

Salt og sort peber efter smag

½ kop sødmælk

2 store hele æg

½ kop knuste almindelige chips

instruktioner

Forbered et vandbad og anbring Sous Vide deri. Indstil til 175F

Smør imens nogle pander. Varm en stor pande op over middel varme og smelt smørret. Tilsæt løget og steg i 7 minutter. Tilsæt græskarret, krydr med salt og peber og steg i 10 minutter. Fordel blandingen i forme. Lad det køle af og stil til side.

Pisk mælk, salt og æg i en skål. Smag til med peber. Hæld blandingen i glas, luk og nedsænk glassene i et vandbad. Bages i 60 minutter.

Når timeren stopper, fjern glassene og lad dem køle af i 5 minutter. Server med pommes frites.

Ingefærchutney med karry og nektarin

Tilberedning + tilberedningstid: 60 minutter | Portioner: 3

ingredienser

½ kop granuleret sukker

½ kop vand

¼ kop hvidvinseddike

1 fed hakket hvidløg

¼ kop hakket hvidløg

1 citronsaft

2 tsk revet frisk ingefær

2 spsk karrypulver

En knivspids rød peberflager

Salt og sort peber efter smag

Peber efter smag

4 store nektariner, skåret i skiver

¼ kop hakket frisk basilikum

instruktioner

Forbered et vandbad og anbring Sous Vide deri. Indstil til 168F.

Varm en pande op over middel varme og rør vand, sukker, hvidvinseddike og hvidløg i. Bland indtil sukkeret er blødt. Tilsæt citronsaft, løg, karrypulver, ingefær og rød peberflager. Smag til med salt og sort peber. Ryst godt. Læg blandingen i en genlukkelig pose. Slip luften ud ved at presse vandet ud, luk og sænk posen i et vandbad. Bages i 40 minutter.

Når timeren stopper, skal du fjerne posen og placere den i isbadet. Læg maden på et serveringsfad. Pynt med basilikum.

Rosmarin confiteret med rosmarin

Forberedelse + tilberedningstid: 1 time og 15 minutter | Portioner: 4

ingredienser

1 pund brune kartofler i tern

salt efter smag

¼ tsk malet hvid peber

1 tsk hakket frisk rosmarin

2 spsk hel smør

1 spsk majsolie

instruktioner

Forbered et vandbad og anbring Sous Vide deri. Sæt til 192 F. Krydr kartofler med rosmarin, salt og peber. Bland kartoflerne med smør og olivenolie. Læg i en vakuumforseglet pose. Slip luften ud ved at presse vandet ud, luk og sænk posen i et vandbad. Bages i 60 minutter. Når timeren stopper, skal du fjerne posen og overføre den til en stor skål. Pynt med smør og server.

Pære og kokoscreme karry

Forberedelse + tilberedningstid: 1 time og 10 minutter | Portioner: 4

ingredienser

2 udstenede pærer, skrællet og skåret i skiver
1 spsk karrypulver
2 spsk kokoscreme

instruktioner

Forbered et vandbad og anbring Sous Vide deri. Indstil til 186F.

Bland alle ingredienser og kom i en vakuumpose. Slip luften ud ved at presse vandet ud, luk og sænk posen i et vandbad. Bages i 60 minutter. Når timeren stopper, skal du fjerne posen og overføre den til en stor skål. Fordel på serveringsfade og server.

Blød broccoli puré

Forberedelse + tilberedningstid: 2 timer og 15 minutter | Portioner: 4

ingredienser

1 hoved broccoli skåret i buketter
½ tsk hvidløgspulver
salt efter smag
1 spiseskefuld smør
1 skefuld fløde

instruktioner

Forbered et vandbad og anbring Sous Vide deri. Indstil til 183 F. Rør broccoli, salt, hvidløgspulver og fløde i. Læg i en vakuumforseglet pose. Slip luften ud ved at presse vandet ud, luk og sænk posen i et vandbad. Bages i 2 timer.

Når timeren stopper, fjernes posen og overføres til blenderen for at pulsere. Smag til og server.

Lækker dadel og mangochutney

Tilberedning + tilberedningstid: 1 time og 45 minutter | Portioner: 4

ingredienser

2 kilo hakket mango

1 lille løg hakket

½ kop lys brun farin

¼ kop dadler

2 spiseskefulde æblecidereddike

2 spsk friskpresset citronsaft

1½ tsk gule sennepsfrø

1½ tsk korianderfrø

salt efter smag

¼ tsk karrypulver

¼ teskefuld tørret gurkemeje

⅛ teskefuld cayennepeber

instruktioner

Forbered et vandbad og anbring Sous Vide deri. Indstil til 183F.

Bland alle ingredienserne. Læg i en vakuumforseglet pose. Slip luften ud ved at presse vandet ud, luk og sænk posen i et vandbad. Bages i 90 minutter. Når timeren stopper, fjern posen og hæld den i gryden.

Mandarin og bønnesalat med valnødder

Forberedelse + tilberedningstid: 1 time og 10 minutter | Portioner: 8)

ingredienser

2 pund grønne bønner, trimmet

2 mandariner

2 spsk smør

salt efter smag

2 ounce valnødder

instruktioner

Forbered et vandbad og anbring Sous Vide deri. Indstil til 186 F. Tilsæt grønne bønner, salt og smør. Læg i en vakuumforseglet pose. Tilsæt mandarinskræl og saft. Slip luften ud ved at presse vandet ud, luk og sænk posen i et vandbad. Bages i 1 time. Når timeren stopper, fjernes posen og overføres til en skål. Tilsæt mandarinskræl og valnødder ovenpå.

Ærtecreme med muskatnød

Forberedelse + tilberedningstid: 1 time og 10 minutter | Portioner: 8)

ingredienser

1 pund friske grønne ærter
1 kop fløde
¼ kop smør
1 spsk majsstivelse
¼ tsk stødt muskatnød
4 tænder
2 laurbærblade
sort peber efter smag

instruktioner

Forbered et vandbad og anbring Sous Vide deri. Indstil til 184 F. Kombiner majsstivelse, muskatnød og tung fløde i en skål. Pisk indtil majsstivelsen er glat.

Læg blandingen i en genlukkelig pose. Slip luften ud ved at presse vandet ud, luk og sænk posen i et vandbad. Bages i 1 time. Når timeren stopper, skal du fjerne posen og fjerne laurbærbladet. Tjene.

Let broccoli puré

Tilberedning + tilberedningstid: 60 minutter | Portioner: 4

ingredienser

1 hoved broccoli
1 kop grøntsagsbouillon
3 spiseskefulde smør
salt efter smag

instruktioner

Forbered et vandbad og anbring Sous Vide deri. Indstil til 186F.

Tilsæt broccoli, smør og grøntsagsbouillon. Læg i en vakuumforseglet pose. Slip luften ud ved at presse vandet ud, luk og sænk posen i et vandbad. Bages i 45 minutter.

Når timeren stopper, skal du fjerne posen og tømme den. Lager op på juice til madlavning. Kom broccolien i blenderen og blend til en jævn masse. Hæld lidt madlavningssaft i. Til servering tilsættes salt og peber.

Broccolisuppe med rød peber

Forberedelse + tilberedningstid: 1 time og 25 minutter | Portioner: 8)

ingredienser

2 spsk olivenolie

1 stort hakket løg

2 fed hvidløg i skiver

salt efter smag

⅛ teskefuld malet rød peberflager

1 hoved broccoli skåret i buketter

1 æble skrællet og skåret i tern

6 kopper grøntsagsbouillon

instruktioner

Forbered et vandbad og anbring Sous Vide deri. Indstil til 183F.

Varm en stegepande op ved middel varme med olivenolie, indtil den er gylden. Steg løg, 1/4 tsk salt og hvidløg i 7 minutter. Tilsæt peberflagerne og bland godt. Fjern fra varmen. Lad afkøle.

Læg blandingen af æbler, broccoli, løg og 1/4 spiseskefuld salt i en genlukkelig pose. Slip luften ud ved at presse vandet ud, luk og sænk posen i et vandbad. Bages i 1 time.

Når timeren stopper, fjern posen og læg den i gryden. Hæld grøntsagsbouillonen i og rør rundt. Smag til med salt og server.

Miso majs chili med sesam og honning

Tilberedning + tilberedningstid: 45 minutter | Portioner: 4

ingredienser

4 aks

6 spiseskefulde smør

3 spsk rød misopasta

1 skefuld honning

1 tsk allehånde

1 skefuld rapsolie

1 purløg, skåret i tynde skiver

1 tsk ristede sesamfrø

instruktioner

Forbered et vandbad og anbring Sous Vide deri. Indstil til 183 F. Skal majsene og skær kolberne af. Overtræk hver majs med 2 spsk smør. Læg i en vakuumforseglet pose. Slip luften ud ved at presse vandet ud, luk og sænk posen i et vandbad. Bages i 30 minutter.

Bland samtidig 4 spsk smør, 2 spsk misopasta, honning, rapsolie og allehånde i en skål. Ryst godt. Lad det ligge til side. Når timeren stopper, fjern posen og luk majsen. Fordel miso-blandingen over toppen. Pynt med sesamolie og purløg.

Cremet gnocchi med ærter

Forberedelse + tilberedningstid: 1 time og 50 minutter | Portioner: 2

ingredienser

1 pakke gnocchi

1 spiseskefuld smør

½ sødt løg, skåret i tynde skiver

Salt og sort peber efter smag

½ kop frosne ærter

¼ kop fløde

½ kop revet Pecorino Romano ost

instruktioner

Forbered et vandbad og anbring Sous Vide deri. Indstil til 183 F. Læg gnocchierne i en genlukkelig pose. Slip luften ud ved at presse vandet ud, luk og sænk posen i et vandbad. Bages i 1 time og 30 minutter.

Når timeren stopper, skal du fjerne posen og stille den til side. Varm en pande op ved middel varme med smør og steg løget i 3 minutter. Tilsæt de frosne ærter og fløde og bring det i kog. Kom gnocchien sammen med flødesovsen, smag til med peber og salt og anret på et fad.

Honning og rucola salat

Forberedelse + tilberedningstid: 3 timer og 50 minutter | Portioner: 4

ingredienser

2 skeer honning

2 æbler, udkernede, halveret og skåret i skiver

½ kop ristede og hakkede valnødder

½ kop revet Grana Padano ost

4 kopper rucola

havsalt efter smag

<u>Brug</u>

¼ kop olivenolie

1 spsk hvidvinseddike

1 tsk dijonsennep

1 fed hakket hvidløg

salt efter smag

instruktioner

Forbered et vandbad og anbring Sous Vide deri. Juster temperaturen til 158 F. Placer honningen i en glasbeholder og opvarm i 30 sekunder, tilsæt æblerne og bland godt. Læg den i en vakuumforseglet pose. Slip luften ud ved at presse vandet ud, luk og sænk posen i et vandbad. Bages i 30 minutter.

Når timeren stopper, fjern posen og læg den i isbadet i 5 minutter. Lad det stå i køleskabet i 3 timer. Kom alle sauce ingredienser i en kande og ryst godt. Lad det køle lidt af i køleskabet.

Bland rucola, valnødder og Grana Padano ost i en skål. Tilføj ferskenskiver. Dæk med en bandage. Smag til med salt og peber og server.

Krabbe med citronsmørsauce

Tilberedning + tilberedningstid: 70 minutter | Portioner: 4

ingredienser

6 fed hvidløg, hakket
Skal og saft af ½ citron
1 kilo krabbe
4 spiseskefulde smør

instruktioner

Forbered et vandbad og anbring Sous Vide deri. Indstil temperaturen til 137 F. Bland halvdelen af hvidløget, citronskal og halvdelen af citronsaften godt. Lad det ligge til side. Læg krabbekød, smør og citronblanding i en vakuumforseglet pose. Slip luften ud ved at presse vandet ud, luk og sænk posen i et vandbad. Bages i 50 minutter. Fjern posen, når timeren stopper. Kassér kogesaften.

Varm en pande op over middel-lav varme og hæld det resterende smør, den resterende citronblanding og den resterende citronsaft i. Server krabben i fire ramekins, toppet med citronsmør.

Nordlig hurtig laks

Tilberedning + tilberedningstid: 30 minutter | Portioner: 4

ingredienser

1 spsk olivenolie

4 laksefileter med skind

Salt og sort peber efter smag

Skal og saft af 1 citron

2 skeer gul sennep

2 spsk sesamolie

instruktioner

Forbered et vandbad og anbring Sous Vide deri. Sæt til 114 F. Krydr laksen med salt og peber. Tilsæt citronskal og -saft, olie og sennep. Læg laksen i 2 vakuumforseglede poser med sennepsblanding. Slip luften ud ved at presse vandet ud, luk og sænk poserne i badekarret. Bages i 20 minutter. Varm sesamolien op i en gryde. Når timeren stopper, fjern laksen og dup den tør. Læg laksen i gryden og steg i 30 sekunder på hver side.

Lækker ørred med sennep og tamari sauce

Tilberedning + tilberedningstid: 35 minutter | Portioner: 4

ingredienser

¼ kop olivenolie

4 ørredfileter, pillede og skåret i skiver

½ kop tamari sauce

¼ kop lys brun farin

2 fed hvidløg, hakket

1 spsk Colemans sennep

instruktioner

Forbered et vandbad og anbring Sous Vide deri. Indstil til 130 F. Tilsæt tamari sauce, brun farin, olivenolie og hvidløg. Læg ørreden i en vakuumforseglet pose med tamariblandingen. Slip luften ud ved at presse vandet ud, luk og sænk posen i et vandbad. Bages i 30 minutter.

Når timeren stopper, fjernes ørreden og tørres med et køkkenrulle. Kassér kogesaften. Pynt med tamari sauce og sennep til servering.

Sesamtun med ingefærsauce

Tilberedning + tilberedningstid: 45 minutter | Portioner: 6

Ingredienser:

tunfisk:

3 tunbøffer

Salt og sort peber efter smag

⅓ kop olivenolie

2 skeer rapsolie

½ kop sorte sesamfrø

½ kop hvide sesamfrø

Ingefærsauce:

1 tomme revet ingefær

2 hakkede skalotteløg

1 hakket rød peberfrugt

3 spiseskefulde vand

Saft af 2½ citron

1 ½ spsk riseddike

2 ½ spsk sojasovs

1 skefuld fiskesauce

1½ skefuld sukker

1 bundt salatblade

Instruktioner:

Start med saucen: Stil en lille pande over svag varme og tilsæt olivenolien. Når det er varmt tilsættes ingefær og peber. Kog i 3 minutter, tilsæt sukker og eddike, rør rundt og kog indtil sukkeret er opløst. Tilsæt vand og bring det i kog. Tilsæt sojasauce, fiskesauce og citronsaft og kog i 2 minutter. Lad afkøle.

Lav en dobbelt kedel, tilsæt Sous Vide og juster temperaturen til 110 F. Krydr tunen med salt og peber og anbring i 3 separate vakuumposer. Tilsæt olien, slip luften ud af posen ved hjælp af vandklemmetoden, luk og nedsænk posen i et vandbad. Indstil timeren til 30 minutter.

Når timeren stopper, skal du fjerne og åbne posen. Reserver tunen. Stil gryden over svag varme og tilsæt rapsolien. Under opvarmning blandes sesamfrøene i en skål. Tør tunen, dæk med sesamfrø og steg i meget varm olie på top og bund, indtil frøene begynder at stege.

Skær tunen i tynde strimler. Læg tallerkenen med salaten og fordel tunen på bunden af salaten. Server med ingefærsauce som forret.

Krabbeparadisruller med citron og hvidløg

Tilberedning + tilberedningstid: 60 minutter | Portioner: 4

ingredienser

4 spiseskefulde smør

1 kg kogt krabbekød

2 fed hvidløg, hakket

Skal og saft af ½ citron

½ kop mayonnaise

1 hakket fennikelløg

Salt og sort peber efter smag

4 brød i skiver, smurt med olie og ristet

instruktioner

Forbered et vandbad og anbring Sous Vide deri. Indstil til 137 F. Tilsæt hvidløg, citronskal og 1/4 kop citronsaft. Læg krabbekødet i en vakuumforseglet pose med smør- og citronblandingen. Slip luften ud ved at presse vandet ud, luk og sænk posen i et vandbad. Bages i 50 minutter.

Når timeren stopper, fjernes posen og overføres til en skål. Kassér kogesaften. Bland krabbekød med resterende citronsaft, mayonnaise, fennikel, dild, salt og peber. Fyld rullerne med krabbekødsblandingen inden servering.

Forkullet blæksprutte krydret med citronsauce

Forberedelse + tilberedningstid: 4 timer og 15 minutter | Portioner: 4

ingredienser

5 spiseskefulde olivenolie

1 pund blæksprutte tentakler

Salt og sort peber efter smag

2 spsk citronsaft

1 spsk citronskal

1 spsk hakket frisk persille

1 spsk timian

1 skefuld paprika

instruktioner

Forbered et vandbad og anbring Sous Vide deri. Indstil til 179 F. Skær tentakler i mellemlange længder. Smag til med salt og peber. Læg længderne i en vakuumforseglet pose med olivenolie. Slip luften ud ved at presse vandet ud, luk og sænk posen i et vandbad. Bages i 4 timer.

Når timeren stopper, fjern blæksprutten og tør den med et køkkenrulle. Kassér kogesaften. Dryp med olivenolie.

Varm grillen op til middel varme og steg tentaklerne på begge sider i 10-15 sekunder. Lad det ligge til side. Bland citronsaft, citronskal, paprika, timian og persille godt sammen. Hæld citronsaucen over blæksprutten.

Kreolske rejespyd

Tilberedning + tilberedningstid: 50 minutter | Portioner: 4

ingredienser

Skal og saft af 1 citron

6 spiseskefulde smør

2 fed hvidløg, hakket

Salt og hvid peber efter smag

1 spsk kreolsk krydderi

1½ kg rensede rejer

1 spsk hakket frisk dild + til pynt

citronskiver

instruktioner

Forbered et vandbad og anbring Sous Vide deri. Indstil til 137F.

Smelt smørret i en gryde ved middel varme og tilsæt hvidløg, creolkrydderi, citronskal og -saft, salt og peber. Bages i 5 minutter, indtil smørret smelter. Stil til side og lad det køle af.

Læg rejerne i en vakuumforseglet pose med smørblandingen. Slip luften ud ved at presse vandet ud, luk og sænk posen i et vandbad. Bages i 30 minutter.

Når timeren stopper, fjern rejerne og dup dem tørre med køkkenrulle. Kassér kogesaften. Læg rejerne på spyd og pynt med dild og et skvæt citron til servering.

Rejer med krydret sauce

Tilberedning + tilberedningstid: 40 minutter + afkølingstid | Portioner: 5

ingredienser

2 pund rejer, renset og pillet

1 kop tomatpuré

2 skeer peberrodssauce

1 spsk citronsaft

1 tsk Tabasco sauce

Salt og sort peber efter smag

instruktioner

Forbered et vandbad og anbring Sous Vide deri. Indstil temperaturen til 137 F. Placer rejerne i en genlukkelig pose. Slip luften ud ved at presse vandet ud, luk og sænk posen i badekarret. Bages i 30 minutter.

Når timeren stopper, fjern posen og læg den i et isbad i 10 minutter. Lad afkøle i køleskabet i 1 til 6 timer. Bland godt tomatpuré, peberrodssauce, sojasauce, citronsaft, tabascosauce, salt og peber. Server rejerne med saucen.

Helleflynder med purløg og estragon

Tilberedning + tilberedningstid: 50 minutter | Portioner: 2

Ingredienser:

2 kg tungefilet

3 kviste estragonblade

1 tsk hvidløgspulver

1 tsk løgpulver

Salt og hvid peber efter smag

2 ½ tsk + 2 tsk smør

2 skalotteløg, pillede og halveret

2 kviste timian

Citronskiver til pynt

Instruktioner:

Forbered en pande, tilsæt Sous Vide og opvarm til 124 F. Skær helleflynderfileterne i tre stykker og gnid dem med salt, hvidløgspulver, løgpulver og peber. Læg fileterne, estragon og 2½ teskefulde smør i tre separate vakuumforseglede poser. Slip luften ud ved hjælp af vandklemmetoden og luk poserne. Læg dem i en bain-marie og kog i 40 minutter.

Når timeren stopper, skal du fjerne og åbne poserne. Stil gryden over svag varme og tilsæt det resterende smør. Efter opvarmning fjernes huden og tørres. Tilsæt helleflynderen med purløg og timian og steg til de er sprøde i top og bund. Pynt med citronskiver. Server med en side af dampede grøntsager.

Torsk med krydret smør og citron

Tilberedning + tilberedningstid: 37 minutter | Portioner: 6

ingredienser

8 spiseskefulde smør

6 torskefileter

Salt og sort peber efter smag

Skal af ½ citron

1 spsk hakket frisk dild

½ spsk hakket frisk purløg

½ spsk hakket frisk basilikum

½ spsk hakket frisk salvie

instruktioner

Forbered et vandbad og anbring Sous Vide deri. Indstil til 134 F. Krydr torsken med salt og peber. Kom torsk og citronskal i en lufttæt pose.

Læg smør, halvdelen af dild, purløg, basilikum og salvie i en separat, vakuumforseglet pose. Slip luften ud ved hjælp af vandklemmetoden, luk og nedsænk begge poser i et vandbad. Bages i 30 minutter.

Når timeren stopper, fjern torsken og tør den med et køkkenrulle. Kassér kogesaften. Fjern smørret fra den anden pose og hæld over torsken. Pynt med den resterende dild.

Grouper med Beurre Nantais

Tilberedning + tilberedningstid: 45 minutter | Portioner: 6

Ingredienser:

grouper:

2 kg grouper skåret i 3 dele

1 tsk spidskommen pulver

½ tsk hvidløgspulver

½ tsk løgpulver

½ tsk korianderpulver

¼ kop fiskekrydderi

¼ kop pecanolie

Salt og hvid peber efter smag

Berre Blanc:

1 kg smør

2 spiseskefulde æblecidereddike

2 hakkede skalotteløg

1 tsk kværnet sort peber

5 ounces tung fløde,

salt efter smag

2 kviste dild

1 spsk citronsaft

1 spiseskefuld gurkemejepulver

Instruktioner:

Damp, Sous Vide og opvarm til 132 F. Smag til med salt og hvid peber. Læg den i en vakuumforseglbar pose, slip luften ud ved at presse vandet ud, luk og nedsænk posen i et vandbad. Indstil timeren til 30 minutter. Tilsæt spidskommen, hvidløg, løg, koriander og fiskekrydderi. Lad det ligge til side.

Lav imens den hvide beurre. Stil en pande over middel varme og tilsæt løg, eddike og peber. Kog indtil du får en sirup. Reducer varmen og tilsæt smørret under konstant omrøring. Tilsæt dild, citronsaft og gurkemejepulver, rør konstant og kog i 2 minutter. Tilsæt fløden og smag til med salt. Kog i 1 minut. Sluk for varmen og stil til side.

Når timeren stopper, skal du fjerne og åbne posen. Stil gryden over medium varme, tilsæt pecanolie. Tør bradepanden og krydr med en blanding af krydderier og steg i opvarmet olie. Server dampet spinat og beurre nantais med den dampede spinat.

tunflager

Tilberedning + tilberedningstid: 1 time og 45 minutter | Portioner: 4

Ingredienser:

¼ kg tunbøf
1 tsk rosmarinblade
1 tsk timianblade
2 kopper olivenolie
1 fed hakket hvidløg

Instruktioner:

Forbered en dobbelt kedel, tilsæt Sous Vide og juster temperaturen til 135 F. Placer tunbøf, salt, rosmarin, hvidløg, timian og to spiseskefulde olivenolie i en vakuumforseglet pose. Slip luften ud ved at presse vandet ud, luk og sænk posen i et vandbad. Indstil timeren til 1 time og 30 minutter.

Fjern posen, når timeren stopper. Læg tunen i en skål og stil til side. Stil gryden over høj varme, tilsæt den resterende olie. Efter opvarmning hældes over tunen. Riv tunen med to gafler. Overfør og opbevar i en lufttæt beholder med olivenolie i op til en uge. Server i salater.

smøragtige kammuslinger

Tilberedning + tilberedningstid: 55 minutter | Portioner: 3

Ingredienser:

½ kg kammuslinger
3 tsk smør (2 tsk til bagning + 1 tsk til stegning)
Salt og sort peber efter smag

Instruktioner:

Lav et vandbad, tilsæt Sous Vide og juster temperaturen til 140 F. Dup kammuslingerne tørre med køkkenrulle. Læg kammuslinger, salt, 2 spsk smør og peber i en vakuumforseglet pose. Slip luften ud ved hjælp af vandklemmetoden, luk og nedsænk posen i et vandbad og indstil timeren til 40 minutter.

Når timeren stopper, skal du fjerne og åbne posen. Dup kammuslingerne tørre med køkkenrulle og stil dem til side. Stil gryden over middel varme og tilsæt det resterende smør. Når det smelter, steges kammuslingerne på begge sider, indtil de er gyldne. Server med grøntsager blandet med smør.

mynte sardiner

Tilberedning + tilberedningstid: 1 time og 20 minutter | Portioner: 3

Ingredienser:

2 kilo sardiner
¼ kop olivenolie
3 knuste fed hvidløg
1 stor citron, friskpresset
2 kviste frisk mynte
Salt og sort peber efter smag

Instruktioner:

Vask og rens hver fisk, men behold skindet. Tør med køkkenpapir.

I en stor skål blandes olivenolien med hvidløg, citronsaft, frisk mynte, salt og peber. Læg sardinerne med marinaden i en stor vakuumpose. Steg i en pande i en time ved 104 F. Fjern fra panden og afdryp, men behold saucen. Hæld saucen og dampede porrer over fisken.

Guld med hvidvin

Tilberedning + tilberedningstid: 2 timer | Portioner: 2

Ingredienser:

1 pund havbrasen, omkring 1 tomme tyk, renset

1 kop ekstra jomfru olivenolie

1 presset citron

1 skefuld sukker

1 spsk tørret rosmarin

½ skefuld tørret oregano

2 knuste fed hvidløg

½ kop hvidvin

1 tsk havsalt

Instruktioner:

I en stor skål blandes olivenolien med citronsaft, sukker, rosmarin, oregano, knust hvidløg, vin og salt. Dyp fisken i denne blanding og lad den marinere i en times tid i køleskabet. Tag ud af køleskabet og afdryp, men behold væsken til servering. Læg fileterne i en stor vakuumforseglet pose og forsegl. Kog sous vide i 40 minutter ved 122 F. Hæld den resterende marinade over fileterne og server.

Laks og grønkålssalat med avocado

Tilberedning + tilberedningstid: 1 time | Portioner: 3

Ingredienser:

1 kg skindfri laksefilet

Salt og sort peber efter smag

½ økologisk citron, saftet

1 spsk olivenolie

1 kop hakkede grønkålsblade

½ kop ristede gulerødder, skåret i tern

½ moden avocado, skåret i små tern

1 spsk frisk dild

1 spsk friske persilleblade

Instruktioner:

Krydr fileten med salt og peber på begge sider og læg den i en stor lynlåspose. Luk posen og kog sous vide i 40 minutter ved 122 F. Fjern laksen fra gryden og stil den til side.

Bland citronsaft, en knivspids salt og sort peber i en skål og tilsæt gradvist olivenolien under konstant omrøring. Tilsæt revet grønkål og bland godt med vinaigretten. Tilsæt ristede gulerødder, avocado, dild og persille. Rør forsigtigt for at kombinere. Overfør til en tallerken og server med laks.

Laks med ingefær

Tilberedning + tilberedningstid: 45 minutter | Portioner: 4

Ingredienser:

4 laksefileter med skind
2 spsk sesamolie
1½ olivenolie
2 skeer revet ingefær
2 skeer sukker

Instruktioner:

Lav en dobbeltkedel, placer Sous Vide indeni og indstil til 124F. Krydr laksen med salt og peber. Kom de øvrige ingredienser i en skål og bland.

Læg lakse- og sukkerblandingen i to vakuumforseglede poser, slip luften ud ved at presse vandet ud, luk og sænk posen i et vandbad. Indstil timeren til 30 minutter.

Når timeren stopper, skal du fjerne og åbne posen. Stil gryden over middel varme, læg bagepapir i bunden og varm op. Tilsæt laksen med skindsiden nedad og steg i 1 minut ad gangen. Server med smurt broccoli.

Muslinger i frisk citronsaft

Tilberedning + tilberedningstid: 40 minutter | Portioner: 2

Ingredienser:

1 pund friske muslinger, barberet

1 mellemstor løg, pillet og finthakket

Et knust fed hvidløg

½ kop friskpresset citronsaft

¼ kop frisk persille, finthakket

1 spsk hakket rosmarin

2 spsk olivenolie

Instruktioner:

Læg muslingerne i en stor genlukkelig pose med citronsaft, hvidløg, løg, persille, rosmarin og olivenolie. Kog sous vide i 30 minutter ved 122 F. Server med grøn salat.

Tunbøffer marineret med krydderurter

Forberedelse + tilberedningstid: 1 time og 25 minutter | Portioner: 5

Ingredienser:

2 pund tunbøf, cirka 1 tomme tyk

1 tsk tørret timian, stødt

1 tsk hakket frisk basilikum

¼ kop hakket purløg

2 spsk frisk persille, finthakket

1 spsk frisk dild, finthakket

1 tsk frisk citronskal

½ kop sesamfrø

4 spiseskefulde olivenolie

Salt og sort peber efter smag

Instruktioner:

Vask tunfileterne under koldt rindende vand og tør dem med køkkenrulle. Lad det ligge til side.

I en stor skål kombineres timian, basilikum, purløg, persille, dild, olivenolie, salt og peber. Bland indtil godt blandet og dyp derefter bøfferne i denne marinade. Dæk godt til og stil i køleskabet i 30 minutter.

Læg bøfferne med marinaden i en stor vakuumpose. Tryk på posen for at fjerne luften og luk låget. Kog sous vide i 40 minutter ved 131 grader.

Tag bøfferne ud af posen og læg dem på køkkenpapir. Tør let og fjern krydderurterne. Varm en pande op ved høj varme. Rul bøfferne i sesamfrø og læg dem i gryden. Kog i 1 minut på hver side og tag af varmen.

Krabbebøffer

Tilberedning + tilberedningstid: 65 minutter | Portioner: 4

Ingredienser:

1 kilo krabbekød skåret i stykker
1 kop finthakket rødløg
½ kop hakket rød peber
2 spsk hakket chilipeber
1 spsk finthakket bladselleri
1 spsk finthakket persilleblade
½ tsk hakket estragon
Salt og sort peber efter smag
4 spiseskefulde olivenolie
2 spsk mandelmel
3 sammenpisket æg

Instruktioner:

Opvarm 2 spsk olivenolie i en stegepande og tilsæt løget. Steg til det er gennemsigtigt og tilsæt hakket rød peber og peber. Kog i 5 minutter under konstant omrøring.

Overfør til en stor skål. Tilsæt krabbekød, selleri, persille, estragon, salt, peber, mandelmel og æg. Bland godt og form blandingen til burgere med en diameter på 5 cm. Fordel forsigtigt burgerne mellem to vakuumforseglede poser og forsegl. Kog sous vide i 40 minutter ved 122F.

Opvarm den resterende olie i en slip-let pande ved høj varme. Tag burgerne af panden og læg dem på bagepladen. Steg kort på begge sider i 3-4 minutter og server.

peber te

Forberedelse + tilberedningstid: 1 time og 15 minutter | Portioner: 5

Ingredienser:

1 kilo friske aromaer

½ kop citronsaft

3 knuste fed hvidløg

1 skefuld salt

1 kop ekstra jomfru olivenolie

2 spsk frisk dild, finthakket

1 spsk hakket purløg

1 skefuld kværnet peber

Instruktioner:

Skyl duftene under koldt rindende vand og afdryp. Lad det ligge til side.

I en stor skål blandes olivenolien med citronsaft, presset hvidløg, havsalt, hakket dild, hakket purløg og peber. Hæld den smeltede blanding i denne blanding og dæk til. Lad det stå i køleskabet i 20 minutter.

Tag ud af køleskabet og læg i en stor vakuumpose sammen med marinaden. Kog sous vide i 40 minutter ved 104 F. Fjern fra vandbadet og afdryp, og behold væsken.

Varm en stor stegepande op over medium varme. Tilsæt krydderierne og kog kort, 3-4 minutter, vend. Fjern fra varmen og overfør til en serveringsplade. Hæld marinaden over og server med det samme.

Marinerede havkatfileter

Tilberedning + tilberedningstid: 1 time og 20 minutter | Portioner: 3

Ingredienser:

1 kg havkatfilet

½ kop citronsaft

½ kop hakket persilleblade

2 knuste fed hvidløg

1 kop hakket løg

1 spsk frisk dild, finthakket

1 spsk friske rosmarinblade, finthakket

2 kopper friskpresset æblejuice

2 skeer dijonsennep

1 kop ekstra jomfru olivenolie

Instruktioner:

I en stor skål kombineres citronsaft, persilleblade, knust hvidløg, hakket løg, frisk dild, rosmarin, æblejuice, sennep og olivenolie. Pisk indtil godt kombineret. Dyp fileten i denne blanding og dæk med et tæt låg. Lad det stå i køleskabet i 30 minutter.

Tag ud af køleskabet og læg i 2 vakuumforseglede poser. Dæk til og kog sous vide i 40 minutter ved 122 F. Fjern og dræn; væskereserve. Server dækket med dens væske.

Rejesauce med citron

Tilberedning + tilberedningstid: 35 minutter | Portioner: 4

Ingredienser:

12 store rejer, pillede og rensede
1 skefuld salt
1 skefuld sukker
3 spiseskefulde olivenolie
1 laurbærblad
1 kvist hakket persille
2 spsk citronskal
1 spsk citronsaft

Instruktioner:

Lav en dobbelt kedel, anbring i Sous Vide og opvarm til 156 F. Læg rejer, salt og sukker i skålen, rør rundt og lad stå i 15 minutter. Læg rejer, laurbærblade, olivenolie og citronskal i en vakuumforseglet pose. Slip luften ud ved hjælp af vandfortrængnings- og tætningsmetoden. Nedsænk i badet og kog i 10 minutter. Når timeren stopper, skal du fjerne og åbne posen. Fyld rejerne og dryp med citronsaft.

Sous Vide Helleflynder

Tilberedning + tilberedningstid: 1 time og 20 minutter | Portioner: 4

Ingredienser:

1 kilo tungefilet
3 spiseskefulde olivenolie
¼ kop skalotteløg, finthakket
1 tsk frisk citronskal
½ tsk tørret timian, stødt
1 spsk frisk persille, finthakket
1 tsk frisk dild, finthakket
Salt og sort peber efter smag

Instruktioner:

Vask fisken under koldt rindende vand og tør med køkkenrulle. Skær i tynde skiver, drys med rigeligt salt og peber. Læg i en stor vakuumpose og tilsæt to spiseskefulde olivenolie. Smag til med purløg, timian, persille, dild, salt og peber.

Tryk på posen for at fjerne luften og luk låget. Ryst posen for at beklæde alle fileterne med krydderierne og stil dem på køl i 30 minutter før tilberedning. Kog sous vide i 40 minutter ved 131F.

Tag posen op af vandet og lad den køle lidt af. Lægges på køkkenpapir og dryppes af. Fjern krydderurterne.

Opvarm den resterende olivenolie i en stor gryde ved høj varme. Tilsæt fyldet og kog i 2 minutter. Vend fileterne og steg dem i cirka 35-40 sekunder, og tag dem derefter af varmen. Læg fisken tilbage i et køkkenrulle og fjern overskydende fedt. Server straks.

Citronsmørsål

Tilberedning + tilberedningstid: 45 minutter | Portioner: 3

Ingredienser:

3 støtteplader

1½ spsk usaltet smør

¼ kop citronsaft

½ tsk citronskal

citronpeber efter smag

1 kvist persille til pynt

Instruktioner:

Lav et vandbad, læg i en Sous Vide og sæt til 132 F. Tør sålen og anbring i 3 separate vakuumposer. Slip luften ud ved hjælp af vandklemmetoden og luk poserne. Nedsænk poolen og indstil timeren til 30 minutter.

Stil en lille pande over middel varme og tilsæt smørret. Når den er smeltet, fjernes den fra varmen. Tilsæt citronsaft og citronskal og bland.

Når timeren stopper, skal du fjerne og åbne posen. Overfør tarteletterne til tallerkener, dryp med smørsaucen og pynt med persille. Server med dampede grønne grøntsager.

Torskegryderet med basilikum

Tilberedning + tilberedningstid: 50 minutter | Portioner: 4

Ingredienser:

1 kilo torskefileter

1 kop ristede tomater

1 spsk tørret basilikum

1 kop fiskebouillon

2 spiseskefulde tomatpure

3 selleristængler, finthakket

1 skåret gulerod

¼ kop olivenolie

1 hakket løg

½ kop svampe

Instruktioner:

Varm olivenolien op i en stor gryde ved middel varme. Tilsæt selleri, løg og gulerod. Steg i 10 minutter. Fjern fra varmen og overfør til en vakuumforseglet pose med de resterende ingredienser. Kog sous vide i 40 minutter ved 122F.

Simpel Tilapia

Forberedelse + tilberedningstid: 1 time og 10 minutter | Portioner: 3

ingredienser

3 (4 ounce) tilapiafileter
3 spiseskefulde smør
1 spiseskefuld æblecidereddike
Salt og sort peber efter smag

Instruktioner:

Lav en dobbelt kedel, tilsæt Sous Vide og opvarm til 124 F. Krydr tilapiaen med peber og salt og læg den i en genlukkelig pose. Slip luften ud ved hjælp af vandklemmetoden og luk posen. Nedsænk den i poolen og indstil timeren til 1 time.

Når timeren stopper, skal du fjerne og åbne posen. Stil en pande over middel varme og tilsæt smør og eddike. Kog og rør konstant for at reducere eddiken til det halve. Tilsæt tilapiaen og steg let. Smag til med salt og peber efter ønske. Server med grøntsagsskål og smør.

Laks med asparges

Forberedelse + tilberedningstid: 3 timer og 15 minutter | Portioner: 6

Ingredienser:

1 kg vildlaksefilet

1 spsk olivenolie

1 spsk tørret oregano

12 mellemstore asparges

4 skiver hvidløg

1 skefuld frisk persille

Salt og sort peber efter smag

Instruktioner:

Krydr fileten på begge sider med oregano, salt og peber og drys let med olivenolie.

Placer sammen med andre ingredienser i et stort, forseglet vakuum. Bland alle krydderier i en skål. Gnid blandingen jævnt på begge sider af bøffen og læg den i en stor vakuumpose. Luk posen og kog sous vide i 3 timer ved 136F.

makrel karry

Tilberedning + tilberedningstid: 55 minutter | Portioner: 3

Ingredienser:

3 makrelfileter, hoveder fjernet

3 spsk karrypasta

1 spsk olivenolie

Salt og sort peber efter smag

Instruktioner:

Lav en pande, læg i Sous Vide og juster temperaturen til 120 F. Krydr makrellen med peber og salt og læg den i en vakuumpose. Slip luften ud ved hjælp af vandfortrængningsmetoden, luk den og nedsænk den i et vandbad og indstil timeren til 40 minutter.

Når timeren stopper, skal du fjerne og åbne posen. Stil gryden over medium varme, tilsæt olivenolien. Beklæd makrellen med karry (må ikke tørre makrellen)

Efter opvarmning tilsættes makrellen og steges til den er gylden. Server med dampede grønne bladgrøntsager.

blæksprutte med rosmarin

Forberedelse + tilberedningstid: 1 time og 15 minutter | Portioner: 3

Ingredienser:

1 kg frisk hel blæksprutte
½ kop ekstra jomfru olivenolie
1 spsk Himalaya lyserødt salt
1 spsk tørret rosmarin
3 knuste fed hvidløg
3 cherrytomater skåret i halve

Instruktioner:

Vask hver blæksprutte godt under rindende vand. Brug en skarp kniv til at fjerne hovederne og rengøre hver blæksprutte.

I en stor skål blandes olivenolien med salt, tørret rosmarin, cherrytomater og knust hvidløg. Dyp blæksprutten i denne blanding og lad den stå i køleskabet i 1 time. Fjern derefter og dræn. Læg blæksprutte og cherrytomater i en stor vakuumforseglet pose. Kog sous vide i en time ved 136 F.

Stegte rejer med citron

Tilberedning + tilberedningstid: 50 minutter | Portioner: 3

Ingredienser:

1 kilo rejer, pillet og renset

3 spiseskefulde olivenolie

½ kop friskpresset citronsaft

1 fed presset hvidløg

1 tsk frisk rosmarin, knust

1 tsk havsalt

Instruktioner:

Bland olivenolien med citronsaft, presset hvidløg, rosmarin og salt. Brug en køkkenbørste, beklæd hver reje med blandingen og læg den i en stor vakuumpose. Kog sous vide i 40 minutter ved 104 F.

Grillet blæksprutte

Forberedelse + tilberedningstid: 5 timer og 20 minutter | Portioner: 3

Ingredienser:

½ kg mellem blæksprutte tentakler, blancheret

Salt og sort peber efter smag

3 skeer + 3 skeer olivenolie

2 skeer tørret oregano

2 kviste hakket frisk persille

Is til et isbad

Instruktioner:

Lav en dobbeltkedel, tilsæt Sous Vide og indstil til 171F.

Læg blæksprutten, salt, 3 teskefulde olivenolie og peber i en vakuumforseglet pose. Slip luften ud ved at presse vandet ud, luk og sænk posen i et vandbad. Indstil timeren til 5 timer.

Når timeren stopper, skal du fjerne posen og dække isbadet. Lad det ligge til side. Varm grillen op.

Når grillen er varm, læg blæksprutten på en tallerken, tilsæt 3 spsk olivenolie og massér. Grill blæksprutten til den er gyldenbrun på begge sider. Smør blæksprutten og pynt med persille og oregano. Server med sød og krydret sauce.

vilde laksebøffer

Forberedelse + tilberedningstid: 1 time og 25 minutter | Portioner: 4

Ingredienser:

2 kg vildlaksebøf

3 knuste fed hvidløg

1 spsk frisk rosmarin, finthakket

1 spsk friskpresset citronsaft

1 spsk friskpresset appelsinjuice

1 tsk appelsinskal

1 tsk Himalaya lyserødt salt

1 kop fiskebouillon

Instruktioner:

Bland appelsinsaften med citronsaft, rosmarin, hvidløg, appelsinskal og salt. Dæk hver bøf med blandingen og stil den på køl i 20 minutter. Overfør til en stor vakuumpose og tilsæt fiskebouillon. Luk posen og kog sous vide i 50 minutter ved 131 F.

Varm en stor slip-let stegepande op. Fjern bøfferne fra den vakuumforseglede pose og grill i 3 minutter på hver side, indtil de er let forkullede.

Tilapia gryderet

Tilberedning + tilberedningstid: 65 minutter | Portioner: 3

Ingredienser:

1 kg tilapiafilet

½ kop hakket løg

1 kop finthakkede gulerødder

½ kop korianderblade, finthakket

3 fed hvidløg, finthakket

1 kop hakket grøn peber

1 tsk italiensk krydderblanding

1 tsk cayennepeber

½ tsk peber

1 kop frisk tomatjuice

Salt og sort peber efter smag

3 spiseskefulde olivenolie

Instruktioner:

Varm olien op ved middel varme. Tilsæt det hakkede løg og steg til det er gennemsigtigt.

Tilsæt nu paprika, gulerødder, hvidløg, koriander, italiensk krydderi, cayennepeber, peber, salt og sort peber. Bland godt og kog i yderligere ti minutter.

Fjern fra varmen og overfør til en stor vakuumforseglet pose med tomatjuice og tilapiafileter. Kog sous vide i 50 minutter ved 122 F. Fjern fra vandbad og server.

Pulveriserede kantareller med peber

Forberedelse + tilberedningstid: 1 time og 30 minutter | Portioner: 2

Ingredienser:

4 ounce kantareller på dåse

¼ kop tør hvidvin

1 stilk hakket selleri

1 maniok i tern

1 kvarteret skalotteløg

1 laurbærblad

1 skefuld sort peber

1 spsk olivenolie

8 spsk smør, stuetemperatur

1 spsk hakket frisk persille

2 fed hvidløg, hakket

salt efter smag

1 tsk friskkværnet sort peber

¼ kop panko brødkrummer

1 skiveskåret baguette

Instruktioner:

Forbered et vandbad og anbring Sous Vide deri. Indstil temperaturen til 154 F. Placer kantareller, skalotteløg, selleri, pastinak, vin, peber, olivenolie og laurbærblade i en genlukkelig pose. Slip luften ud ved at presse vandet ud, luk og sænk posen i et vandbad. Bages i 60 minutter.

I røremaskinen hældes smør, persille, salt, hvidløg og sort peber. Bland ved medium hastighed indtil kombineret. Kom blandingen i en plastikpose og rul den sammen. Stil i køleskabet og lad det køle af.

Når timeren stopper, skal du fjerne sneglen og grøntsagerne. Kassér kogesaften. Varm en pande op ved høj varme. Pensl kantarellerne med smør, drys med rasp og kog i 3 minutter, indtil de er smeltet. Server med lune baguetteskiver.

korianderørred

Tilberedning + tilberedningstid: 60 minutter | Portioner: 4

Ingredienser:

2 pund ørred, 4 stk

5 fed hvidløg

1 spsk havsalt

4 spiseskefulde olivenolie

1 kop korianderblade, finthakket

2 spsk hakket rosmarin

¼ kop friskpresset citronsaft

Instruktioner:

Rens og vask fisken godt. Tør med køkkenrulle og gnid med salt. Bland hvidløget med olivenolie, koriander, rosmarin og citronsaft. Brug blandingen til at fylde hver fisk. Anbring i en separat vakuumforseglet pose og forsegl. Kog sous vide i 45 minutter ved 131F.

Blæksprutteringe

Forberedelse + tilberedningstid: 1 time og 25 minutter | Portioner: 3

Ingredienser:

2 kopper blæksprutteringe
1 spsk frisk rosmarin
Salt og sort peber efter smag
½ kop olivenolie

Instruktioner:

Smid blæksprutteringe med rosmarin, salt, peber og olivenolie i en stor, ren plastikpose. Luk posen og ryst et par gange for at dække godt. Overfør til en stor genlukkelig pose. Kog sous vide i 1 time og 10 minutter ved 131 F. Fjern fra poolen og server.

Rejer og avocado salat

Tilberedning + tilberedningstid: 45 minutter | Portioner: 4

Ingredienser:

1 hakket rødløg

Saft af 2 citroner

1 spsk olivenolie

¼ tsk havsalt

⅛ tsk hvid peber

1 kilo rå rejer, pillet og renset

1 hakket tomat

1 avocado i tern

1 grøn peberfrugt, frøet og hakket

1 spsk hakket koriander

Instruktioner:

Forbered et vandbad og anbring Sous Vide deri. Indstil til 148F.

Læg citronsaft, rødløg, havsalt, hvid peber, olivenolie og rejer i en genlukkelig pose. Slip luften ud ved at presse vandet ud, luk og sænk posen i et vandbad. Bages i 24 minutter.

Når timeren stopper, fjern posen og læg den i et isbad i 10 minutter. Kom tomater, avocado, grøn peber og koriander i en skål. Hæld posens indhold over toppen.

Snapper med smør og safran citrussauce

Tilberedning + tilberedningstid: 55 minutter | Portioner: 4

ingredienser

4 stykker klart bid

2 spsk smør

Salt og sort peber efter smag

Til citrussaucen

1 citron

1 grapefrugt

1 citron

3 appelsiner

1 tsk dijonsennep

2 skeer rapsolie

1 gult løg

1 terning zucchini

1 tsk safran tråd

1 tsk hakket chilipeber

1 skefuld sukker

3 kopper fiskebouillon

3 skeer hakket koriander

instruktioner

Forbered et vandbad og anbring Sous Vide deri. Indstil til 132 F. Salt og peber snapperfileterne og læg dem i en genlukkelig pose. Slip luften ud ved at presse vandet ud, luk og sænk posen i et vandbad. Bages i 30 minutter.

Skræl frugten og skær den i tern. Varm olien op på en pande ved middel varme og tilsæt løg og zucchini. Steg i 2-3 minutter. Tilsæt bær, safran, peber, sennep og sukker. Kog i yderligere 1 minut. Tilsæt fiskebouillonen og kog i 10 minutter. Pynt med koriander og stil til side. Når timeren stopper, fjern fisken og læg den på en tallerken. Hæld safran og citrussaucen over og server.

Torskefilet med sesamcreme

Tilberedning + tilberedningstid: 45 minutter | Portioner: 2

ingredienser

1 stor torskefilet
2 spsk sesampasta
1 ½ spsk brun farin
2 spsk fiskesauce
2 spsk smør
sesamfrø

instruktioner

Forbered et vandbad og anbring Sous Vide deri. Indstil til 131F.

Dyp torsken i en blanding af farin, sesampasta og fiskesauce. Læg i en vakuumforseglet pose. Slip luften ud ved at presse vandet ud, luk og sænk posen i et vandbad. Bages i 30 minutter. Smelt smørret i en gryde ved middel varme.

Når timeren stopper, skal du fjerne torsken og overføre den til gryden og dække i 1 minut. Anret på en tallerken. Hæld madlavningssaften i gryden og kog indtil den er reduceret. Tilsæt 1 spsk smør og bland. Hæld saucen over torsken og pynt med sesamfrø. Server med ris.

Cremet laks med spinat og sennepssauce

Tilberedning + tilberedningstid: 55 minutter | Portioner: 2

jegingredienser

4 skindfri laksefileter

1 stort bundt spinat

½ kop dijonsennep

1 kop fløde

1 kop halv og halv fløde

1 spsk citronsaft

Salt og sort peber efter smag

instruktioner

Forbered et vandbad og anbring Sous Vide deri. Indstil temperaturen til 115 F. Placer den saltede laks i en vakuumforseglet pose. Slip luften ud ved at presse vandet ud, luk og sænk posen i et vandbad. Bages i 45 minutter.

Varm en pande op over middel varme og kog spinaten mør. Reducer varmen og tilsæt citronsaft, peber og salt. Bliv ved med at lave mad.

Varm en pande op over middel varme og rør halv-en-halv fløde og dijonsennep i. Reducer varmen og lad det simre. Smag til med salt og peber. Når timeren stopper, fjern laksen og læg den på en tallerken. Hæld saucen i. Server med spinat.

Krydrede kammuslinger med frisk salat

Tilberedning + tilberedningstid: 55 minutter | Portioner: 4

ingredienser

1 kilo kammuslinger

1 tsk hvidløgspulver

½ tsk løgpulver

½ tsk paprika

¼ tsk cayennepeber

Salt og sort peber efter smag

Salat

3 kopper majskerner

½ liter cherrytomater skåret i halve

1 hakket rød peberfrugt

2 spsk hakket frisk persille

Brug

1 spsk frisk basilikum

1 kvart citron

instruktioner

Forbered et vandbad og anbring Sous Vide deri. Indstil til 122F.

Læg kammuslingerne i en vakuumforseglet pose. Smag til med salt og peber. Bland hvidløgspulver, paprika, løgpulver og cayennepeber i en skål. Hælde. Slip luften ud ved at presse vandet ud, luk og sænk posen i et vandbad. Bages i 30 minutter.

I mellemtiden forvarm ovnen til 400 F. Placer majskerner og rød peberfrugt på en bageplade. Dryp med olivenolie og krydr med salt og peber. Bages i 5-10 minutter. Overfør til en skål og bland med persillen. Bland saucens ingredienser godt i en skål og hæld majskernerne over.

Når timeren stopper, fjern posen og læg den i den varme pande. Luk i 2 minutter på hver side. Anret på et fad, med kammuslinger og salat. Pynt med basilikum og citronskiver.

Krydrede kammuslinger med mango

Tilberedning + tilberedningstid: 50 minutter | Portioner: 4

ingredienser

1 pund store kammuslinger

1 spiseskefuld smør

<u>Sovs</u>

1 spsk citronsaft

2 spsk olivenolie

<u>pynte, pynte, pynte</u>

1 spsk citronskal

1 spsk appelsinskal

1 kop hakket mango

1 serrano peber, skåret i tynde skiver

2 spsk hakkede mynteblade

instruktioner

Læg kammuslingerne i en vakuumforseglet pose. Smag til med salt og peber. Lad afkøle i køleskabet natten over. Forbered et vandbad og anbring Sous Vide deri. Indstil til 122 F. Slip luften ud ved hjælp af vandklemmetoden, forsegl og nedsænk posen i et vandbad. Bages i 15-35 minutter.

Varm en pande op ved middel varme. Bland saucens ingredienser godt i en skål. Når timeren stopper, fjern kammuslingerne og læg dem i gryden og steg til de er gyldne. Anret på en tallerken. Hæld sauce over toppen og tilsæt pynt.

Porre og rejer med sennepsvinaigrette

Tilberedning + tilberedningstid: 1 time og 20 minutter | Portioner: 4

jegingredienser

6 porrer

5 spiseskefulde olivenolie

Salt og sort peber efter smag

1 hakket skalotteløg

1 spsk riseddike

1 tsk dijonsennep

1/3 pund kogte brune rejer

hakket frisk persille

instruktioner

Forbered et vandbad og anbring Sous Vide deri. Indstil til 183F.

Skær toppen af porren af og fjern bunden. Vask dem i koldt vand og dæk med 1 spsk olivenolie. Smag til med salt og peber. Læg i en vakuumforseglet pose. Slip luften ud ved at presse vandet ud, luk og sænk posen i et vandbad. Bages i 1 time.

Til vinaigretten kombineres i mellemtiden skalotteløg, dijonsennep, eddike og 1/4 kop olivenolie i en skål. Smag til med salt og peber. Når timeren stopper, skal du fjerne posen og placere den i isbadet. Lad afkøle. Læg porrerne på 4 tallerkener og tilsæt salt. Tilsæt rejerne og dryp med vinaigretten. Pynt med persille.

Rejesuppe med kokos

Tilberedning + tilberedningstid: 55 minutter | Portioner: 6

ingredienser

8 store rå rejer, pillet og renset

1 spiseskefuld smør

Salt og sort peber efter smag

til suppe

1 kilo zucchini

4 spiseskefulde citronsaft

2 hakkede gule løg

1-2 små røde peberfrugter, hakket

1 stilk citrongræs, kun den hvide del, hakket

1 spsk rejepasta

1 skefuld sukker

1½ kop kokosmælk

1 tsk tamarindpasta

1 kop vand

½ kop kokosfløde

1 skefuld fiskesauce

2 spsk hakket frisk basilikum

instruktioner

Forbered et vandbad og anbring Sous Vide deri. Indstil temperaturen til 142 F. Placer rejer og smør i en genlukkelig pose. Smag til med salt og peber. Slip luften ud ved at presse vandet ud, luk og sænk posen i et vandbad. Bages i 15-35 minutter.

Skræl imens zucchinien og kasser frøene. Skær i tern. Tilsæt løg, citrongræs, peber, rejepasta, sukker og 1/2 kop kokosmælk i en foodprocessor. Bland til det bliver en puré.

Varm en pande op ved svag varme og tilsæt løgblandingen, den resterende kokosmælk, tamarindpasta og vand. Tilsæt zucchinien og kog i 10 minutter.

Når timeren stopper, fjern rejerne og tilsæt dem til suppen. Tilsæt kokosfløde, citronsaft og basilikum. Server i suppeskåle.

Honning laks med soba nudler

Tilberedning + tilberedningstid: 40 minutter | Portioner: 4

ingredienser

laks

6 ounce laksefilet, skind på

Salt og sort peber efter smag

1 tsk sesamolie

1 kop olivenolie

1 spsk revet frisk ingefær

2 skeer honning

sesamrum

4 ounce tørrede soba nudler

1 spsk vindruekerneolie

2 fed hvidløg, hakket

½ hoved blomkål

3 spiseskefulde tahin

1 tsk sesamolie

2 spsk olivenolie

¼ presset citron

1 stilk hakket grønt løg

¼ kop grofthakket koriander

1 tsk ristede valmuefrø

Citronskiver til pynt

Sesamfrø til pynt

2 spsk hakket koriander

instruktioner

Forbered et vandbad og anbring Sous Vide deri. Sæt til 123 F. Krydr laksen med salt og peber. Bland sesamolie, olivenolie, ingefær og honning i en skål. Læg laks og blandingen i en vakuumforseglet pose. Godt afbalanceret. Slip luften ud ved at presse vandet ud, luk og sænk posen i et vandbad. Bages i 20 minutter.

Tilbered imens soba-nudlerne. Varm vindruekerneolien op i en stegepande ved høj varme og steg blomkål og hvidløg i 6-8 minutter. I en skål blandes tahin, olivenolie, sesamolie, citronsaft, koriander, purløg og ristede sesamfrø godt sammen. Dræn pastaen og tilsæt blomkålen.

Varm en pande op ved høj varme. Dæk med en bageplade. Når timeren stopper, fjern laksen og kom den i gryden. Grill i 1 minut. Anret pastaen i to skåle og tilsæt laksen. Pynt med citronskiver, valmuefrø og koriander.

Gourmet hummer med mayonnaise

Tilberedning + tilberedningstid: 40 minutter | Portioner: 2

ingredienser

2 hummerhaler

1 spiseskefuld smør

2 hakkede søde løg

3 skeer mayonnaise

salt efter smag

En knivspids sort peber

2 spsk citronsaft

instruktioner

Forbered et vandbad og anbring Sous Vide deri. Indstil til 138F.

Kog vand i en gryde ved høj varme. Åbn hummerhaleskallerne og sænk dem i vand. Bages i 90 sekunder. Overfør til et isbad. Lad afkøle i 5 minutter. Bræk skallerne og fjern halerne.

Læg de smørsmurte haler i en vakuumforseglet pose. Slip luften ud ved at presse vandet ud, luk og sænk posen i et vandbad. Bages i 25 minutter.

Når timeren stopper, fjern halerne og tør. Sidesæde. Lad afkøle i 30 minutter. Bland mayonnaise, sødt løg, peber og citronsaft i en skål. Hak halerne, tilsæt mayonnaiseblandingen og bland godt. Server med ristet brød.

Reje cocktail

Tilberedning + tilberedningstid: 40 minutter | Portioner: 2

ingredienser

1 kilo rejer, pillet og renset

Salt og sort peber efter smag

4 spsk hakket frisk dild

1 spiseskefuld smør

4 skeer mayonnaise

2 spsk hakket grønne løg

2 tsk friskpresset citronsaft

2 skeer tomatpuré

1 skefuld Tabasco sauce

4 aflange ruller

8 grønne salatblade

½ citron skåret i skiver

instruktioner

Forbered et vandbad og anbring Sous Vide deri. Indstil til 149 F. Rør mayonnaise, purløg, citronsaft, tomatpuré og Tabasco-krydderi i. Smag til med salt og peber.

Læg rejer og krydderier i en vakuumforseglet pose. Tilsæt 1 spsk dild og 1/2 spsk smør til hver pakke. Slip luften ud ved at presse vandet ud, luk og sænk posen i et vandbad. Bages i 15 minutter.

Forvarm ovnen til 400 F og bag rullerne i 15 minutter. Når timeren stopper, skal du fjerne posen og tømme den. Læg rejerne i skålen med saucen og bland godt. Server over citronruller.

Herbys citronlaks

Tilberedning + tilberedningstid: 45 minutter | Portioner: 2

ingredienser

2 skindfri laksefileter

Salt og sort peber efter smag

¾ kop ekstra jomfru olivenolie

1 skalotteløg skåret i tynde skiver

1 spsk basilikumblade, let hakket

1 tsk allehånde

3 ounces blandet grønt

1 citron

instruktioner

Forbered et vandbad og anbring Sous Vide deri. Indstil til 128F.

Læg laksen og krydr med salt og peber i en vakuumforseglet pose. Tilsæt løgskiver, olivenolie, allehånde og basilikum. Slip luften ud ved at presse vandet ud, luk og sænk posen i et vandbad. Bages i 25 minutter.

Når timeren stopper, fjern posen og læg laksen over på en tallerken. Bland kogesaften med lidt citronsaft og dæk med laksefileterne. Tjene.

Saltede Hummerhaler

Forberedelse + tilberedningstid: 1 time og 10 minutter | Portioner: 2

ingredienser

8 spiseskefulde smør
2 hummerhaler, afskallede
2 kviste frisk estragon
2 spsk salvie
salt efter smag
citronskiver

instruktioner

Forbered et vandbad og anbring Sous Vide deri. Indstil til 134F.

Læg hummerhaler, smør, salt, salvie og estragon i en genlukkelig pose. Slip luften ud ved at presse vandet ud, luk og sænk posen i et vandbad. Bages i 60 minutter.

Når timeren stopper, fjern posen og læg hummeren på en tallerken. Pensl med smør. Pynt med citronskiver.

Thai laks med blomkål og ægnudler

Tilberedning + tilberedningstid: 55 minutter | Portioner: 2

ingredienser

2 laksefileter med skind

Salt og sort peber efter smag

1 spsk olivenolie

4½ spsk sojasovs

2 spsk hakket frisk ingefær

2 thai peberfrugter, skåret i tynde skiver

6 spsk sesamolie

4 ounce forberedte ægnudler

6 ounce kogte blomkålsbuketter

5 teskefulde sesamfrø

instruktioner

Forbered et vandbad og anbring Sous Vide deri. Indstil til 149 F. Forbered en bageplade beklædt med aluminiumsfolie og læg laksen i den, krydr med salt og peber og dæk med endnu et stykke aluminiumsfolie. Bages i ovnen i 30 minutter.

Overfør den kogte laks til en vakuumforseglet pose. Slip luften ud ved at presse vandet ud, luk og sænk posen i et vandbad. Bages i 8 minutter.

Bland ingefær, peber, 4 spsk sojasauce og 4 spsk sesamolie i en skål. Når timeren stopper, fjern posen og overfør laksen til pastaskålen. Pynt med ristede frø og lakseskind. Dryp med ingefær og paprikasaucen og server.

Let havbars med dild

Tilberedning + tilberedningstid: 35 minutter | Portioner: 3

ingredienser

1 pund chilensk havaborre, flået

1 spsk olivenolie

Salt og sort peber efter smag

1 spsk dild

instruktioner

Forbered et vandbad og anbring Sous Vide deri. Indstil til 134 F. Krydr havbarsen med salt og peber og læg den i en genlukkelig pose. Tilsæt dild og olivenolie. Slip luften ud ved at presse vandet ud, luk og sænk posen i et vandbad. Bages i 30 minutter. Når timeren stopper, skal du fjerne posen og overføre havbarsen til en tallerken.

Rejefrittata med sød peber

Tilberedning + tilberedningstid: 40 minutter | Portioner: 6

ingredienser

1½ kg rejer

3 tørrede røde peberfrugter

1 spsk revet ingefær

6 fed hvidløg, hakket

2 spsk champagne

1 skefuld sojasovs

2 skeer sukker

½ tsk majsstivelse

3 hakkede grønne løg

instruktioner

Forbered et vandbad og anbring Sous Vide deri. Indstil til 135F.

Bland ingefær, hvidløgsfed, peber, champagne, sukker, sojasovs og majsstivelse. Læg de pillede rejer med blandingen i en vakuumforseglet pose. Slip luft ud ved vandfortrængningsmetode, luk og nedsænk i vandbad. Bages i 30 minutter.

Læg purløg i en gryde ved middel varme. Tilsæt olien og kog i 20 sekunder. Når timeren stopper, fjern de kogte rejer og læg dem i en skål. Pynt med løg. Server med ris.

Thai frugtrejer

Tilberedning + tilberedningstid: 25 minutter | Portioner: 4

ingredienser

2 pund rejer, pillet og renset

4 stykker skrællet og hakket papaya

2 snittede skalotteløg

¾ kop cherrytomater, skåret i halve

2 spsk hakket basilikum

¼ kop tørre ristede jordnødder

Thai sauce

¼ kop citronsaft

6 skeer sukker

5 skeer fiskesauce

4 fed hvidløg

4 små røde peberfrugter

instruktioner

Forbered et vandbad og anbring Sous Vide deri. Indstil temperaturen til 135 F. Placer rejerne i en genlukkelig pose. Slip luften ud ved at presse vandet ud, luk og sænk posen i et vandbad. Bages i 15 minutter. Bland citronsaft, fiskesauce og sukker godt sammen i en skål. Mos hvidløg og peber til det danner en puré. Tilsæt krydderiblandingen.

Når timeren stopper, skal du fjerne rejerne fra posen og lægge dem i en skål. Tilsæt papaya, thaibasilikum, løg, tomat og peanuts. Udblød glasur.

Dublin-stil citron rejer ret

Forberedelse + tilberedningstid: 1 time og 15 minutter | Portioner: 4

ingredienser

4 spiseskefulde smør

2 spsk citronsaft

2 fed friske hvidløg, hakket

1 tsk frisk citronskal

Salt og sort peber efter smag

1 kilo jumbo rejer, pillet og renset

½ kop panko mel

1 spsk hakket frisk persille

instruktioner

Forbered et vandbad og anbring Sous Vide deri. Indstil til 135F.

Varm 3 spsk smør i en gryde ved middel varme og tilsæt citronsaft, salt, peber, hvidløg og fløde. Lad afkøle i 5 minutter. Placer rejer og blandingen i en vakuumforseglet pose. Slip luften ud ved at presse vandet ud, luk og sænk posen i et vandbad. Bages i 30 minutter.

Varm imens smørret op og rist pankoen i en mellemstor gryde. Når timeren stopper, fjern rejerne og læg dem i en varm pande ved høj varme og kog i madlavningssaften. Server i 4 suppeskåle og top med rasp.

Saftige kammuslinger med peber- og hvidløgssauce

Tilberedning + tilberedningstid: 75 minutter | Portioner: 2

ingredienser

2 spsk gul karry

1 spsk tomatpure

½ kop kokosfløde

1 tsk hvidløgssauce

1 spsk citronsaft

6 kapsler

Til servering, kog brune ris

frisk koriander, hakket

instruktioner

Forbered et vandbad og anbring Sous Vide deri. Indstil til 134F.

Bland kokosfløde, tomatpure, karry, citronsaft og chili-hvidløgssauce sammen. Læg blandingen med et tætsluttende låg i en vakuumforseglet pose. Slip luften ud ved at presse vandet ud, luk og sænk posen i et vandbad. Bages i 60 minutter.

Når timeren stopper, fjernes posen og overføres til en tallerken. Server med brune ris og top med kammuslinger. Pynt med koriander.

Rejekarry med nudler

Tilberedning + tilberedningstid: 25 minutter | Portioner: 2

ingredienser

1 kilo rejer, med haler

8 ounce vermicelli nudler, kogt og drænet

1 tsk risvin

1 spsk karrypulver

1 skefuld sojasovs

1 hakket grønt løg

2 spiseskefulde vegetabilsk olie

instruktioner

Forbered et vandbad og anbring Sous Vide deri. Indstil til 149 F. Placer rejer i en genlukkelig pose. Slip luften ud ved at presse vandet ud, luk og sænk posen i et vandbad. Bages i 15 minutter.

I en gryde varmes olivenolien op ved middel varme og risvin, karry og sojasovs tilsættes. Bland godt og tilsæt pastaen. Når timeren stopper, fjern rejerne og tilsæt dem til pastablandingen. Pynt med purløg.

Cremet torsk med persille

Tilberedning + tilberedningstid: 40 minutter | Portioner: 6

ingredienser

for torsk

6 torskefileter

salt efter smag

1 spsk olivenolie

3 kviste frisk persille

Til saucen

1 kop hvidvin

1 kop halv og halv fløde

1 hakket hvidløg

2 spsk hakket dild

2 tsk sort peber

instruktioner

Forbered et vandbad og anbring Sous Vide deri. Indstil til 148F.

Læg de krydrede torskefileter i vakuumposer. Tilsæt olivenolie og persille. Slip luften ud ved at presse vandet ud, luk og sænk posen i et vandbad. Bages i 30 minutter.

Varm en pande op over medium varme, tilsæt vin, løg, sort peber og kog indtil reduceret. Bland cremen halvt og halvt til det tykner. Når timeren stopper, tilsæt fisken og hæld saucen over.

Franske Pan Rilletter med Laks

Forberedelse + tilberedningstid: 2 timer og 30 minutter | Portioner: 2

ingredienser

½ pund laksefileter, uden skind

1 tsk havsalt

6 spiseskefulde smør

1 hakket løg

1 fed hakket hvidløg

1 spsk citronsaft

instruktioner

Forbered et vandbad og anbring Sous Vide deri. Juster temperaturen til 130 F. Læg laks, usaltet smør, havsalt, fed hvidløg, løg og citronsaft i en genlukkelig pose. Slip luften ud ved at presse vandet ud, luk og sænk posen i et vandbad. Bages i 20 minutter.

Når timeren stopper, fjernes laksen og overføres til 8 små skåle. Smag til med kogesaft. Lad afkøle i køleskabet i 2 timer. Server med ristede skiver brød.

Salvie laks med kokos kartoffelmos

Forberedelse + tilberedningstid: 1 time og 30 minutter | Portioner: 2

ingredienser

2 laksefileter med skind

2 spsk olivenolie

2 kviste salvie

4 fed hvidløg

3 kartofler, skrællet og hakket

¼ kop kokosmælk

1 bundt chard

1 spsk revet ingefær

1 skefuld sojasovs

havsalt efter smag

instruktioner

Forbered et vandbad og anbring Sous Vide deri. Indstil temperaturen til 122 F. Læg laks, salvie, hvidløg og olivenolie i en genlukkelig pose. Slip luften ud ved at presse vandet ud, luk og sænk posen i et vandbad. Bages i 1 time.

Forvarm ovnen til 375 F. Pensl kartoflerne med olie og bag dem i 45 minutter. Læg kartoflerne i blenderen og tilsæt kokosmælken. Smag til med salt og peber. Blend i 3 minutter indtil glat.

Varm olien op på en pande ved middel varme og tilsæt ingefær, manold og sojasovs.

Når timeren stopper, fjern laksen og læg den i den varme pande. Steg i 2 minutter. Overfør til en tallerken, tilsæt kartoffelmos og tilsæt trækul til servering.

Dild Baby blæksprutteskål

Tilberedning + tilberedningstid: 60 minutter | Portioner: 4

ingredienser

Blæksprutte vejer 1 kg

1 spsk olivenolie

1 spsk friskpresset citronsaft

Salt og sort peber efter smag

1 spsk dild

instruktioner

Forbered et vandbad og anbring Sous Vide deri. Indstil temperaturen til 134 F. Placer blæksprutten i en vakuumforseglet pose. Slip luften ud ved at presse vandet ud, luk og sænk posen i et vandbad. Bages i 50 minutter. Når timeren stopper, fjern blæksprutten og tør den. Bland blæksprutten med lidt olivenolie og citronsaft. Smag til med salt, peber og dild.

Saltet laks med hollandaisesauce

Forberedelse + tilberedningstid: 1 time og 50 minutter | Portioner: 4

jegingredienser

4 laksefileter

salt efter smag

Hollandaise sauce

4 spiseskefulde smør

1 æggeblomme

1 spsk citronsaft

1 tsk vand

½ skalotteløg i tern

En knivspids paprika

instruktioner

Salt laksen. Lad afkøle i 30 minutter. Forbered et vandbad og anbring Sous Vide deri. Indstil temperaturen til 148 F. Placer alle sauce ingredienser i en genlukkelig pose. Slip luften ud ved at presse vandet ud, luk og sænk posen i et vandbad. Bages i 45 minutter.

Fjern posen, når timeren stopper. Lad det ligge til side. Sænk sous vide-temperaturen til 120 F og læg laksen i en vakuumpose. Slip luften ud ved at presse vandet ud, luk og sænk posen i et vandbad. Bages i 30 minutter. Kom saucen i en blender og blend indtil den bliver lysegul. Når timeren stopper, fjern laksen og dup den tør. Server tildækket med sauce.

www.ingramcontent.com/pod-product-compliance
Lightning Source LLC
Chambersburg PA
CBHW071905110526
44591CB00011B/1554